曶《こつ》弆《きょ》尛《ま》枓《しゅ》皛《きょう》
忕《たい》喦《じょう》掔《わん》帉《ふん》暠《はく》
涏《てい》炅《けい》狧《とう》

明解！漢字名探偵

曖昧な漢字・
読めない漢字・
知らない漢字

山口謡司
Yamaguchi Yoji
大東文化大学教授

さくら舎

亢《こう》交《こう》八《はち》匄《こう》嫂《そう》
孤《こ》尼《に》奕《えき》弗《ふつ》貪《どん》

目次◆明解！ 漢字名探偵――曖昧な漢字・読めない漢字・知らない漢字

序

壱

肆

明解！　漢字名探偵

――曖昧な漢字・読めない漢字・知らない漢字

序

漢字文化圏のひろがり

東アジアの「国際共通語」だった漢字

「漢字とは何だろうか」——。

このような漠然《ばくぜん》とした問いかけをしたら、求める答えも、ただ「文字」であるほどのことに終わってしまいそうです。しかし、もう少し踏み込んで、漢字という文字は、いったい何に基づいてできているのかと問いかけてみたら、いかがでしょうか。

アルファベットなら二十六文字、日本語の「ひらがな」や「カタカナ」なら四十八文字を覚えてしまえばそれで十分です。でも漢字は、画数がたくさんあって、読み方もさまざまで、覚えるには時間がかかって、どれだけの量の漢字があるのかさえもわからなければ、どれだけ覚えればいいのかもわからない。

もともと動物や物の形をまねてつくられた記号が、形を変えたとはいっても、複雑な筆《ひっ》画《かく》を残して、「文字」でありつづけられたことは、ヨーロッパのアルファベットの歴史と比べてみると、不思議な気がしてきます。

漢字は原始的な象形《しょうけい》文字から発達して、その形をさまざまに変化させ、さまざまな地域に広がっていきました。東は日本へ、南はベトナムへ、また西はタクラマカン砂漠《さばく》を越えたところまで伝播《でんぱ》して、七～八世紀頃からは、東アジアを中心とする諸国での国際共通語にもなっていました。

いまなおわが国で漢字が使われるのは、その影響です。

生きている象形文字「トンパ文字」

さて、中国には、形をまねてつくられた文字、つまり、もっとも原始的とされる「象形文字」を使っている民族がいます。

その文字は、「トンパ（東巴）文字」と呼ばれるものです。

中国、雲南《うんなん》省西部の麗江《れいこう》というところに暮らしているナシ（納西）族の文字です。中国人民大学の調査によれば、ナシ族の人々は、いまなお一妻多夫制の暮らしを守っています。

自然崇拝《すうはい》で、標高約五六〇〇メートルの玉龍雪山《ぎょくりゅうせつざん》を聖なる山と考え、二千を超える自然の神々を崇拝し、ナシ族固有の「トンパ教」を信じている人たちです。この宗教は七世紀頃に成立したと考えられています。

現在、ナシ族の人口は三十万人ほどで、玉龍ナシ族自治県を中心にしたところで生活をしていますが、彼らが信じるトンパ教の経典を書くのに使われたのが「トンパ文字」です。千四百の象形文字で書かれたトンパ教の経典とその注釈書は、いま二万冊ほどが残っているといわれ、これは二〇〇三年九月に「世界文化記載遺産」に指定されました。極彩色《ごくさいしき》で塗《ぬ》られた象形文字は、とても美しく、色によってその意味が変わるといわれます。トンパ文字以外に、世界のどこを探しても、色によって意味を変える文字はありません。

トンパ文字は七世紀頃につくられたといわれていますが、変わらずこうした象形文字で経典が伝えられてきたというのは、ほとんど奇跡に近いのではないでしょうか。

しかし、このトンパ文字に、外界からの客観的な研究の手が入らなければ、私たちはその価値の高さを知ることはできなかったでしょうし、またトンパ文字を守ることもできなかったかもしれません。

じっさいに、一九六〇~七〇年代の中国文化大革命の際には、大量のトンパ文字の文献が焼失しているのです。

元の字に別の要素を加えて新しい字をつくる

さて、トンパ文字を世界に紹介したのは、アメリカ人植物学者で、地理学者・言語学者でもあったジョゼフ・フランシス・チャールズ・ロック（一八八四〜一九六二）です。ウイーンに生まれて、十歳のときに父親とエジプトに渡ったロックは、その後、アメリカ大陸を経て、ハワイのホノルルに移住しました。三十代半ば頃から、ビルマ（現ミャンマー）、タイを経て中国の雲南省や四川《しせん》省、甘粛《かんしゅく》省で植物の採集、研究をおこないました。

そのなかで、ロックが見つけたのがトンパ文字だったのです。

ロックは、漢字とは異なるトンパ文字を英語に訳して、中国には、漢字に似て漢字ではない文字があることを言語学界に紹介しました。

ただ、漢字ではないとはいっても、漢字の影響があることは、その文字のつくられ方を見れば明らかです。

たとえば「馬」というトンパ文字は、馬の頭を描くがたてがみの部分を見れば、漢字の「馬」の上部ととてもよく似ています（イラスト❶）。

また「速く走る馬」を描くには「馬」に「前足」を一本書き入れます。さらに重荷をになう馬を描くためには「馬」に鞍《くら》をつけます。

漢字とはやや違うとはいいながらも、「『馬』にさまざまな要素を合わせることで、別の意味をつくり出す」という点では、漢字のつくら

❶

れ方にそっくりなのです。

もうひとつ挙げましょう。

トンパ文字では「幸せ」という文字は、どう描くのでしょうか。

幸せは、イラスト❷のように、二つの象形文字が合わさってできています。「心」を表す象形文字に、「歯が見えるように開いた口」です。これで「心が開いている状態」、つまり「幸福」を意味する漢字がつくられます。

❷

ナシ族の人々にとって「幸福」とは、そういう状態なのです。

じつは、このトンパ文字のつくられ方こそが、漢字文化圏のひろがりを支えるためのもっとも重要なものなのです。

漢字は、習って覚えようとすれば非常に難しいものです。

しかし、短期間でもいいから漢字の成り立ちを学べば、「なんだ！　こんなふうに漢字というものはつくられているのか！」と納得して、より多くの漢字を容易に覚えることができるようになるでしょう。

■六書――漢字を分解して解読する方法

さて、漢字の秘密を知る、あるいは漢字を解読するためには、ちょっとした専門的な知識が必要です。

それが「六書《りくしょ》」と呼ばれる、漢字がつくられていく過程の分類法です。解剖学《かいぼう》によって医学が発展したのと同様に、漢字の解読には漢字を解剖する必要があります。その解剖のための基礎知識が「六書」なのです。

「六書」は「象形」「指事」「会意」「形声」「仮借」「転注」の六つですが、以下はわかりやすく「会意形声」を加えた七つのバージョンで解説しましょう。

象形《しょうけい》＝物の形を線で描いた漢字

「六書」を、原始的なものから順を追って説明します。まず「象形」です。

これは、漢文訓読をすれば「形をねる」という意味になります。物の形を線で描いたものです。

たとえば、「象」という漢字は、ゾウの姿をまねて描いたものを時計回りに九〇度回転させたもので、いまの「象」の字は、ゾウが立ち上がった形になっています。
このほか、ほとんどの部首は「象形」でつくられています。

指事《しじ》＝矢印で指し示してつくられた漢字

「上」という漢字は、「一」という部首の中に収められています。この漢字の反対の「下」も、同じく部首は「一」です。

「上」「下」の「二」は、数字の「二」を意味するものではありません。諸説ありますが、中国最古の字書である『説文解字《せつもんかいじ》』（後述）にしたがえば、「大地」を意味します。そして、「上」の上部と「下」の下部にある「卜」は、この漢字がつくられた頃は、「・二」「二・」と書かれていました。これは、それぞれ大地から伸びる芽と根を意味します。

それではなぜ、いまの漢字には「二」に「、」が書かれているのでしょうか。

じつは、これは、いま私たちが何かを指す「矢印」を表す記号でした。上下に伸びるものを指して「←」と記したのが、点となって残っているのです。

このように、矢印で何かを指し示してつくられた漢字を「指事」といいます。

ところで、「日」という漢字は、小学校では、太陽の形を模写した「象形」によってつくられたものと教えられています。

しかし、じつは、これは象形ではなく、「指事」でつくられた漢字なのです。

子どもに太陽の絵を描かせると、ふつうイラスト❸のように描くでしょう。太陽のまわりの光が輝く部分を除けば、「〇」となります。

古代の人も、おそらく同じように「〇」で太陽を描いたものと想像されます。もしもこれがそのままか、あるいは「〇」が変化して「□」と四角形になって漢字になっていたとしたら、これは象形です。

しかし、「日」は、真ん中に一本の短い線がついています。

これは、「上」や「下」の矢印が「、」となって、その後一本の線になったものです。

古代の人たちは、太陽を指さして「アレだよ！」と指し示した。それが「日」という漢字になったのです。

同じように、「月」も指事でつくられた漢字です。

下の「一」は、三日月の形が閉じている状態を表しています。

そして、上の「一」は、「日」と同じく、月を指さした矢印なのです。

❸

会意《かいい》＝意味のある漢字を組み合わせて異なる意味の漢字をつくる

象形と指事でできた漢字を、許慎《きょしん》（『説文解字』の著者）は「文《もん》」と呼びました。「文様」という意味の「文」です。

「木」は、いうまでもなく「象形」です。ただ、いまの「木」は、じっと見ていても、「木」の形には見えてきません。

象形文字では、「木」はイラスト❹のように描かれています。一本の木から上に向かって両側に伸びる枝、下には大地に張る根が見えます。

象形文字の形は、青銅器に鋳《い》込まれた篆書《てんしょ》や竹簡《ちっかん》などには残っています。しかし、秦《しん》の始皇帝《しこうてい》の文字統一によって隷書《れいしょ》が使われるようになると、しだいにその原形を失っていきます。

さて、「木」が二つ合わさると「林」という字になります。文字どおり、「木」がたくさんあるところを意味しています。

たとえば、「酒池肉林」という故事成語があります。これは、殷《いん》の最後の王・紂《ちゅう》が、池に酒を満たし、肉をたくさん吊《つ》るして贅沢《ぜいたく》の限りを尽くしたということを表す言葉ですが、この肉は「並べて」吊るされていました。だから「肉林」なのです。

また、司馬遷《しばせん》の『史記《しき》』には「儒林伝《じゅりんでん》」という列伝があります。儒家を並べてそれぞれの伝記を記したという意味です。

ところで、「木」を並べれば「林」となります。しかしもっと「木」があれば「森」になります。

このように、すでに象形や指事でつくられた「文」を二つ以上組み合わせてつくる漢字を「会意」といいます。漢文では「意を会わせる」と読みますが、すでに意味があるものを会わせて異なる意味の漢字をつくることです。

また、「会意」という方法は、日本で和製漢字とも呼ばれる「国字《こくじ》」が生まれるためには欠かせない造字法でもありました。

「辻」は、「交差点」を意味する「十」とそこを行き交うことを意味する「辶」が組み合わさってつくられます。「榊《さかき》」は「神が宿る木」という意味です。

形声《けいせい》＝意味を表す文字と音声を表す文字を組み合わせて新しい漢字をつくる

❹

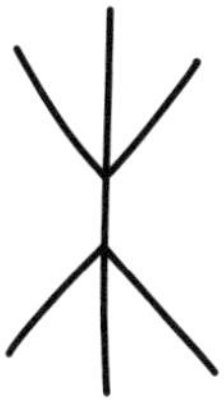

「象」「木」「川」「口」などの象形、「上」「下」「日」「月」などの指事、「林」「森」などの会意、これらはいずれも視覚的な感覚でつくられた漢字です。

しかし、漢字の八〇パーセント以上は、聴覚的な感覚によってつくられています。

言語は、口語での意思疎通《そつう》を第一義に発達しました。その後、それを記録するために文字が発達したということを示すものが「形声」です。

たとえば、「江」という字は、「水」と「工」という二つの象形文字が組み合わさってつくられました。

そういう意味からいえば、「会意」によってつくられたといっても間違いではありません。しかし、会意とは「意味」のある漢字が二つ以上合わさってできたものです。「江」は、じつは会意ではありません。これは、「形声」という方法でつくられました。「水」は意味がありますが、「工」には意味はなく、「音」を利用したものだからです。

まだ「江」という漢字ができる以前、すでに川の流れの入り江になっている部分を、人々は「gong（ゴン）」と呼んでいました。それを書く必要がない段階では、ただ口頭でこれを発音していればよかった。

しかし、これを書き表さなければならなくなったとき、象形や指事、会意の方法では不可能でした。

そこで彼らは、「水に関係すること」ということで「氵」を使い、「gong」という発音にぴったり合う「工」という漢字を発音の記号として利用したのです。

アルファベットとは異なりますが、こうした音を表す漢字は、中国音韻学《おんいんがく》の世界では「音符《おんぷ》」と呼ばれています。そして、「氵」などの意味や属性を示す部分を「義符《ぎふ》」と呼びます。

草の名前の「菫《すみれ》」「蓬《よもぎ》」「蕙《けい》」「藁《わら》」などはいずれも、草冠の部分は「義符」です。そして、その下の部分は音符です。

とくに、草や木、魚や鳥、獣《けもの》などの名称には、形声という方法でつくられたものがほとんどです。

そして、同じ動植物でも、異なる書き方が複数あるものも少なくありません。それは、地方によってこれらをどのように呼ぶかが異なっていたからです。

会意形声＝会意と形声の特徴をあわせもってできた漢字

さて、それでは、「紀」という漢字は、どのようにしてできた漢字でしょうか。

この字の意味は、「長く続くこと」を意味します。発音は「キ」です。右の「己」の発音は「キ」です。ということは、「長く続くもの」を意味する「糸」を義符として、「己」を音符としてつくられた形声の漢字であるということもできます。

しかし、「己」は象形で、糸がもつれ合うようにして上から下に続いていることを表しています。つまり、「己」は音符であると同時に、意味も示しているのです。

したがって、「紀」は会意と形声の両方からできた漢字となります。このように、ひと口に「形声」といっても「会意」の面から成り立っている漢字も少なくありません。

漢字の成り立ちを考えることは、その漢字の原義を知るために必要なことです。

たとえば、「仁」は、『論語』のなかで孔子《こうし》が何度も説く儒学でももっとも大切な漢字ですが、これも会意形声でつくられたものです。

現在の日本語では「仁」は「ジン（ニン）」と発音されますが、紀元前二〇〇年頃は、「ニェン」と発音されていました。

右側の「二」は「ニ」と発音され「ニェン」に近い音として使われますが、同時に「二人」という意味を利用したものでもあります。

「仁」は、いまでは「人のやさしさ」などと訳されますが、この漢字の原義は「二人の人」というものでした。そしてこの「二人」とは、父と子（あるいは母と子）という血縁関係で結びついたものをいいます。

孔子が説いた「仁」とは、この血縁関係を他人にも及ぼして密接な人間関係をつくり上げ、世界を平和にするということでした。

「仁」は、会意の部分が強く反映した会意形声ということができるでしょう。

仮借《かしゃ》＝既成の漢字の音を借りて別の意味の語に転用する

漢字は、基本的にはここまで述べた「象形」「指事」「会意」「形声」の四つの方法でつくられています。

ただ、古代の世界では、いまほどに漢字の数は多くありませんでした。紙が普及しておらず竹簡や木簡《もっかん》を使っていた時代、画数の多い漢字を書くことは技術的にも不可能だったのです。

可能な限り少ない画数の基本的な漢字で、より多くの情報を記そうとすれば、どこかにしわ寄せが起こります。

たとえば、古代の漢字には「求」という字はありませんでした。

「何かが欲しい」「何かを求める」という漢字がなかったというのは不思議なことのように思えますが、どの言語でも、初めにできるのは名詞や形容詞で、動詞はその後につくられます。日本語でもそれは同じです。

ただ、口語上では、もちろん動詞は使われていました。

「もとめる」という中国古代の発音は「qiu（チウ）」です。ただ、これを書くための漢字はつくられていませんでした。ならば、どうしていたのでしょう。

古代の人々は、同じ発音をする漢字を、「もとめる」という漢字の代わりに使ったのです。それが「求」という字でした。

ちょっと混乱しそうですが、以下をじっくり読んでください。

「我求食（我、食を求む）」と漢字で書けば、「わたしは食べ物を求める」という意味になります。

しかし、もともと「求」という漢字は、「狐の皮衣」という意味でつくられた象形文字でした。

「狐の皮衣」と「求める」の語の使用頻度は、「求める」のほうが高いことは明らかです。「求」を「もとめる」として多用しているうちに、いつしか、「求」に「狐の皮衣」という意味があることは忘れられてしまい、「求」という漢字を見れば「求める」という意味であると反射的に思う人のほうが多くなってきました。

こうした漢字の使われ方を「仮借」といいます。同じ音ということで、「仮」に「借りて」書かれた漢字のことです。

こうなると、「狐の皮衣」を書くための漢字は、新たにつくられなければならなくなってしまいます。そうしてできたのが「裘」という漢字でした。

こうした歴史を知らなければ、「裘」を「衣」が義符、「求」は音符としてつくった形声の漢字と思ってしまうでしょう。しかし、それは間違いです。「裘」は、仮借の影響で原義を忘れられたために、「衣」という義符をつけることで新しく生まれ変わった「字」なのです。

転注《てんちゅう》＝意味が多いものは似た漢字をつくったり転用する

「老」と「考」の形をじっと見比べてみてください。そっくりとまではいきませんが、よく似ているとは思いませんか。最後の画の部分を「老」が上にはねるのに対して、「考」は下に伸ばしているだけで、ほとんど同じではないでしょうか。

そこで、「老」という漢字の意味を知るために、漢和辞典を引いてみましょう。するると、「老」にはさまざまな意味があることがわかります。たとえば『大漢和辞典』（大修館書店）には、これほどの意味が載っています。

年寄り／老いる（老いぼれる）（衰える）（朽ちる）／老衰を告げて致仕する／寂びる（品がある）／慣れる（老練）／齢を尊ぶ（年寄りを敬う）／臣の長／長者の尊称／父母／先人／愚かで恥を知らない／年功を経る／もと（古巣）／老子の略称／人名にそえる助辞／姓としての「老」／死ぬ

漢字は、孤立語と呼ばれる語形変化がない言語で、英語やフランス語、あるいは日本語のように動詞も活用することはありません。そして、ひとつの漢字が、文中の置かれる場所によって、名詞にもなれば動詞にも形容詞にもなります。

ヨーロッパの人が漢文を学んで驚くことは、まず、品詞として漢字をどのように理解することができるかということです。

「老」という漢字も、文中のどこに置くかによって、名詞や動詞、形容詞になることができるのです。

しかし、「老」にはそれ以上に、たくさんの意味がありすぎます。どうにかならないものでしょうか。

じつは、「考」という漢字は、「老」がになっていたこれらの意味の一部を分け与えられてつくられた漢字なのです。だから、形がひじょうによく似ています。

これを「転注」と呼びます。ただし、こうしたものは、そんなに多くはありません。

『説文解字』には、「転注」の関係にある漢字として「令」と「長」があると書かれています。

「令」という漢字も「老」と同じようにたくさんの意味をもっている漢字でした。それが、

「人民の上に立っている人」の意味をもつ「長」という漢字に、「命令を与える人」という意味を転化させたのです。

この場合には、「老」と「考」のような漢字の形に相似性はありません。ただ、意味を転化させてしまったというだけです。

■最古の字書『説文解字』と三つの漢字音

約二千年前につくられた、六書を使った漢字解説本

『説文解字』は後漢の許慎《きょしん》（五八〜一四七頃）著。中国でもっとも古い漢字の解説書です。あとがきの年号から永元十二（一〇〇）年頃編纂《へんさん》されたものと考えられます。

許慎は、後漢の碩学《せきがく》・賈逵《かき》に古文を学び、戦国時代の古文字にくわしい学者でした。『説文解字』には九千三百五十三字が収められ、これを五百四十の部首に分け、篆書《てんしょ》、古文、大篆《だいてん》などの古字などの異体字千百六十三字も掲載しています。

各部の文字は、意味の近い順に配列されています。

今日では、甲骨文字の発見によって、許慎の解説に誤りがあることも指摘されていますが、本書なしには甲骨文字や青銅器に鋳込まれた金文《きんぶん》を解釈することはできません。そう

いう意味において、『説文解字』は漢字解読のための基礎資料なのです。
古いテキストとして、宋《そう》の徐鉉《じょげん》による校訂本『説文解字』三十巻（「大徐本《だいじょぼん》」と呼ぶ）と、弟の徐鍇《じょかい》による『説文解字繫伝《けいでん》』四十巻（「小徐本《しょうじょぼん》」と呼ぶ）が伝わっています。

清《しん》朝の考証学者は、大徐本と小徐本の二つを照合して研究をおこなっていますが、なかでも段玉裁《だんぎょくさい》の『説文解字注』は、字源の考証のみならず、漢代の音韻をも復元した画期的な研究として、今日なお、漢字研究者必携の書物として使われています。

また、『説文新附』は、宋の徐鉉が『説文解字』の見出し語として付け加えた字とその解説です。

徐鉉は、『説文解字』本文中に書かれているものの、見出し字に含まれていない字を抽出して、それを『説文解字』の本文の後に付け加えました。それらの字が『説文新附』と呼ばれます。

漢字の音読み（漢字音）について――呉音・漢音・唐宋音

わが国には同じ漢字に対して複数の読み方をするものがあります。たとえば、「文」は、「文部科学省」というときは「モン」、「文学」というときには「ブン」と読むようなものです。

「モン」という読み方は、古く中国の南方から伝わった漢字の読み方です。およそ六世紀、中国の歴史でいえば、南北朝という時代に当たります。

当時、中国大陸の北方は、匈奴《きょうど》と呼ばれる異民族に支配され、漢民族は南方に逃避し、「南朝」と呼ばれる王朝交替をくり返していました。

そのなかにあったのが「梁《りょう》」という王朝です。梁の武帝《ぶてい》は、仏教の信仰が厚く肉食をしたことがなかったといわれますが、仏教寺院や仏教経典の普及が盛んにおこなわれたのです。

さて、梁は、現在の中国の上海《シャンハイ》から南京《ナンキン》など揚子江《ようすこう》流域を広く統治していました。この文化が、対馬海流に乗って、朝鮮半島や日本に到達するのです。

上海は、いまでもそうですが、中国では「呉《ご》」の地方と呼ばれます。

梁の武帝の時代の仏教経典は、「呉」の地方の方言で読まれていました。奈良時代までの仏教は、ほとんどが梁から朝鮮半島の南部にあった百済《くだら》を経て日本に入ってきたものです。ですので、奈良時代までの漢語の読み方は、ほとんど「呉音《ごおん》」で発音されることになっています。

さて、その後中国の南北に分かれた王朝は、五八一年に隋《ずい》によって統一されます。

隋の首都は、大興《だいこう》（唐《とう》の首都・長安《ちょうあん》の前身、現在の陝西省《せんせいしょう》西安市《せいあんし》）に置かれます。西安という街は、西へ向かうとすぐにゴビ砂漠になりますが、乾いたところという意味で、「漢」の地方と呼ばれていました。

「呉音」が呉の方言であるのに対して、漢の地方の方言を「漢音」と呼びます。

わが国は、遣隋使、遣唐使を派遣して、とくに唐の文化を学ぶことになります。そして、その文化の爛熟《らんじゅく》期を迎えるのが、空海《くうかい》（七七四〜八三五）が唐に留学した八〇四〜八〇六年頃に当たります。

七九四年、平安京への遷都《せんと》がおこなわれてからまもなくのことでした。時代は、大きく変化します。

この遷都と前後して、桓武《かんむ》天皇は勅命《ちょくめい》を出して「呉音」を禁止し、「漢音《かんおん》」での仏典の読経、漢音による儒教経典の学習を宣布《せんぷ》するのです。

その結果、奈良時代まで呉音で読まれていた言葉、たとえば「文殊菩薩」「文部」「文句」などという言葉に使われる「文」は「モン」と読まれつづけます。ところが、「文学」「文集「文化」など、唐代に使われる熟語の「文」は「ブン」と読まれるようになるのです。

ただ、唐王朝は九〇七年に滅亡してしまい、その後、五代《ごだい》、宋《そう》、元《げん》、明《みん》、清《しん》と新しい王朝が作られていきます。

宋以降、中国語は大きく変化して、現代中国語に非常に近い発音に変わってしまいます。

わが国は、宋以降も中国のそれぞれの王朝から文化を輸入しますが、宋代以降の近世中国語で発音されたものは「唐宋音《とうそうおん》」という呼び方で使われていくようになります。

たとえば「行灯」を「アンドン」、「杏仁」を「アンニン」、「卓袱」を「シッポク」、「扇子」を「センス」などと読む例です。

漢字の音も日本語の音も、時代とともに変化していくということを知っておくと、漢字の読みのおもしろさの発見にもつながるのではないでしょうか。

壱

1

口

くち
くちへん

部——音・言葉を出すパーツ

■各 ＝ 各がわかると客もわかる

「関係者各位」という宛先が書かれた手紙やメールをもらうこと、あるいは書くことはありませんか。「関係者」はともかく、「各位」とはどういう意味なのでしょうか。

さて、その説明をする前に、「関係者各位様」「関係者様各位」などと書かれたものがありますが、こういう書き方は間違いなので、絶対にしないでほしいと思います。

なぜなら、「位」は「様」を表す漢字だからです。「関係者各位様」は「関係者各様々」となってしまいます。

さて、「各」は「おのおの」と訓読みされます。もともと、どういう意味の漢字なのでしょうか。

「口」から説明しましょう。これは「石」にも使われている「口」で、「石ころ」を表します。「目・耳・鼻・口」の「口」ではありません。

上の「夂」は、「もつれた足」を描いたものです。

「各」とは、「石に躓《つまず》いて、足がもつれ、止まってしまうこと」を意味する漢字なのです。「おのおの」は、別の言葉では「それぞれ」といい換えることができます。「各」とは、一歩一歩足を進めるたびに足が絡《から》まって動けなくなるようなイメージで、「それぞれ、ひとつひとつ」という意味になります。すなわち「関係者各位」とは、「関係者、みなさまの一人ひとりに」を表します。

ついでに「各」がつく「客」の意味も記しておきましょう。これは本来、「人の家で、足が止まっていること」を意味します。

「客の長居」は嫌われるもの。別の家で「足を止める客」になったとしても、早めに「次の一歩」を踏み出すほうが賢明です。

■叫 ＝ 阿鼻叫喚の「さけび」とは

江戸時代、お寺では、子どもに地獄《じごく》絵図を見せながら、悪いことをしてはいけないよと教えていました。嘘《うそ》をついたら閻魔《えんま》様に舌を抜かれる、邪淫《じゃいん》の者は猫に乳首を噛みちぎられ蛇に首を締め上げられる、などです。

地獄は八大地獄といって八段階に分かれており、だんだん責め苦が苛酷《かこく》になっていきます。阿鼻叫喚《あびきょうかん》といいますが、八番目にしてもっとも苦しみが激しいのが「阿鼻地獄」です。「阿鼻」とは「無間《むけん》」「無限」を意味し、現世で父母を殺した人が行くとされています。「叫喚地獄」は四番目の地獄。釜茹《かまゆ》でにされたり業火《ごうか》に焼かれたりします。

煮えたぎる釜の中へ入れられたら、心臓発作か火傷《やけど》で失神したり死んでしまったりしそうですが、すでに死んでいる者には「死」も「失神」もありません。熱さに泣き叫ぶしかないのです。

さて、「叫」「喚」は、どちらも「さけび」と読みますが、「さけび」方が違います。

「叫」から説明しましょう。右側の「丩」は、縄を捩《よじ》り合わせた様子を描いた象形文字です。これに「口」がついた「叫」は、「身を捩って金切り声をあげる」さけびを表します。

それに対して「喚」の右側「奐」は、煙突などの空洞を空気が抜けていくことを意味し、「喚」は「喉から大声をあげてさけぶ」ことを表します。「言葉にならない喚《わめ》き」です。

無限に茹でられ、「身を捩って金切り声で叫び」、「喉の奥から言葉にならない声をあげて喚く」地獄に行きたくなかったら、いい子にならないといけないよと、江戸時代の子どもたちは教えられたのでした。

■哤（ボウ・モウ）＝「バブバブ」も言葉のひとつ

「尨毛《むくげ》の犬」といったりしますが、どういう犬でしょう？　川端康成《かわばたやすなり》の『伊豆の踊子』には「櫛《くし》で犬のむく毛を梳《す》いてやってゐた」と書かれています。「尨毛」には「毛がいっぱいの犬」と「色がたくさん混じっている雑色の犬」という二つの意味があります。『伊豆の踊子』の犬は、「櫛で」とあるので、前者の意味でしょう。

さて、「口」に「尨」と書かれた漢字は、何を意味するのでしょうか。

これにも二つの意味があります。ひとつは「たくさんの人が話している言葉」、そして「乱れて何をいっているのかよくわからない言葉」です。「口」偏は「言葉」を表しています。

そもそも「尨」とは何を意味する漢字なのでしょうか。

「尨」は「尤」と「彡」でつくられています。「尤」は「犬」の字の形が変化したもの、「彡」は「影」や「形」にも見られるように「模様」や「姿」を表します。「なんとなく、ぼんやり大きく見えるかたち」です。

ところで、「哤」は「モウ」と「ボウ（バウ）」という二つの漢字音がありますが、二つとも「ママ」「モモ」「ボボ」「ババ」など二つの唇をつけて発音する両唇音《りょうしんおん》で、子どもが最初に発音する音です。

「ミャムミャム、バブバブ」など赤ちゃんが、何をいっているのかよくわからない言葉、こういう言葉こそ「哤」と書かれるものなのです。

■喦（ジョウ・ニョウ）＝口が三つ連なったおしゃべり

コロナ禍ということもあるのでしょうが、男女問わず人はあまり話をしなくなったような気がします。以前は、女性は電車の中でもたくさんお話をしていたような気がします。いや、コロナ禍より、スマホのゲームが流行《はや》ってからでしょうか。

さて、「口」は「言葉や音を出すための器官」であり、同時に「食べ物、飲み物を身体の中に入れる器官」ですが、部首という点からすれば「食」偏があることから、「食べる」という機能を表す言葉はほとんどが「食」偏におさめられています。ですから「口」を見たら「音、言葉を出す言葉なのだなぁ」と思えばいいのです。

イラスト❺のように「口」を二つ横に並べた漢字があります。これは「うるさい」という意味です。口が九つ並んでいる漢字もあります。これは「耳を覆いたくなるほどうるさい」という意味です。

それでは「品」（口が三つ）は？

これは、三人の口を描いたもので、もともとは「うるさい」という意味です。でも、二人で討論をしている「口」に、三番目の「口」は「判定」の役を果たします。「お前の言い分はダメだ」とか「お前の論理が正しい」とか。

「品」とは「三人の口」によって「判定」されることを意味します。「上品《じょうぼん》」「中品《ちゅうぼん》」「下《げ》品《ぼん》」なども、本来は、客観的な基準で三人以上の審査で判定される役人の階級のことでした。

ただ、この「品」の下に「山」がつくとどうなるのでしょう。❺

富士山のように、溶岩が噴き出して頂上がひとつだけの「山」もありますが、「山」は通常尾根が連なってできています。この「連なる」ということを表すのが「嵒」の下部に見える「山」です。

「品」と異なり、「嵒」は、三人の口が、のべつ幕なしにダラダラとずっとしゃべっていることを表します。

「スマホを捨てよ」とはいいませんが、スマホゲームで目を悪くするより、語彙《ごい》力を身につけるためにも健康のため

にも、もっと「嵒々《じょうじょう》」と話したほうがいいのではないかと思うのです。

2 亠部――けいさん けいさんかんむり なべぶた 卦算冠とも読みます

■亢＝どんどん上がっていく

「亢進《こうしん》」という言葉があります。病気や心臓の高鳴りがひどくなることをいいます。同じ意味を「昂進」と書いたりもします。

「亢」と「昂」は、発音がどちらも「コウ」であること、それから「上に上がっていく」という意味が同じであることから、どちらで書いてもいいことになっています。こういう関係にある漢字を「音義《おんぎ》が通じる」といいます。

同じく「音義が通じる」ものに「亢奮《こうふん》」の「亢」と「興奮」の「興」があります。これも発音はどちらも「コウ」、意味も「上に上がる」で通じています。

ということで、「興奮」を「昂奮」と書いても「亢進」を「興進」と書いても間違いではありません。

さて、「亢」の下部「几」は、人の胴体《どうたい》がすっくと高く伸びていることを表し、「亠」は、人が大地から立ち上がって「亠」のような姿でいることを描いたものです。

どちらも上に向かって上がることを意味します。

病気がどんどん進行してしまうこと、緊張して心臓がどんどん高鳴っていくこと、感情が高ぶったり、刺激によって活動力が増していくこと、ブレーキがかからなくなるほどどんどん上がっていくことが「亢」なのです。

■亥＝イノシシではなくブタの骨

年末年始になると必ずいわれるのが、「干支《えと》」。ですが、ほとんどの人は「干支」といっても「干」のほうは知らず、「私は子《ねずみ》年生まれ！」「寅《とら》年生まれ！」などといって「支」のほうばかりを気にします。

「干支」の「干」は、いまなら「幹」と書かれるべきもので、物の根幹から「十」に分かれていくことを表します。「甲乙丙丁戊己庚辛壬癸《こうおつへいていぼきこうしんじんき》」の「十干《じっかん》」です。また「支」は、いまなら「枝」と書かれるべきもので、これは「十二」に分裂《ぶんれつ》していくことを表します。

「子《し》丑《ちゅう》寅《いん》卯《ぼう》辰《しん》巳《し》午《ご》未《び》申《しん》酉《ゆう》戌《じゅつ》亥《がい》」の「十二支《じゅうにし》」です。

「十干」と「十二支」の組み合わせは「六十」になります。古代中国では、この六十の組み合わせで暦《こよみ》をつくっていました。わが国でも「還暦《かんれき》」を祝う行事が残っていますが、これは自分の生まれた年と同じ「干支」の組み合わせが六十年に一度還《めぐ》ってくることを祝うものです。

たとえば、二〇二〇年は「庚子《こうし》（かのえね）の年」でした。今度「庚子の年」がやってくるのは二〇八〇年、二〇二〇年生まれの人が六十歳を迎える年なのです。

さて、「亥年」生まれの人は、「自分はイノシシ年！　猪突《ちょとつ》猛進型」などといったりすることがありますが、「亥」には「イノシシ」という意味はありません。

もともとは「死んで骸骨《がいこつ》になったブタの骨」を描いた象形《しょうけい》文字です。「亠」の部分は「頭蓋骨」を表し、その下は肋骨《ろっこつ》など胴の部分の骨です。「肉が腐ってなくなっても、最後に残るとても重要な部分」というから「果実の種」また「核心」というように、もっとも基本となる部分を意味するようになりました。

十二支の最後に「亥」があるのは、十二支の成り立ちが植物の生長過程を表していて、「亥」が「種」に当たるからなのです。「亥」の次にくる「子」は、「一」が「地面」を表し、下の「亅（はねぼう）」が小さな根っこが生えていること、上部の「マ」は芽が出はじめたことを表しています。

「亥」はイノシシではなく「核心」となること、またこの字の「亠」は、ブタの骨の「頭蓋骨」だったのです。

■交＝学ぶことは「交わる」こと

『論語《ろんご》』は、「子曰《しのたまわ》く、学びて時に之《これ》を習う」という文章ではじまります。

「学」と新字体で書かれると、孔子がいいたい「学ぶ」とは何かということがわからなくなってしまいます。「学」は旧字体では「學」と書きます。

「學」を分解して見てみましょう。下には「子」があります。これは「子ども」という意味で理解してもかまいませんが、「学ぶ人」が本来の意味です。「孔子《こうし》」「孟子《もうし》」なども子がついていますが、「学ぶ人」すなわち「先生」という意味になります。

「子」の上には「冖（わかんむり）」があります。これは「屋根のあるところ」です。学校など、みんなが集まって雨風を避けることができる建物です。

それでは、「冖」の上の両側、これを合わせると「臼」という字が見えます。これは左の手と右の手で、みんなが助け合っていることを表します。

そして、真ん中に書かれているのが「×」を縦に二つ並べた「爻」。これこそが「交」

の原形です。とすれば、「交」の「エ」は、「×」が変化して「エ」の形になったといえるでしょう。

交差して、「交わって」います。

「学びたいと思う人、教えたいと思う人、そういう人たちが、ひとつの建物に集まって、互いを助け合いながら交わる」というのが「學」なのです。

「學」は「学」となり、「爻」は「交」となりましたが、人と「交わる」ことで、人は「学ぶ」のだということは忘れないようにしたいと思います。

■亨 ＝「亨」と「享」はなぜ似ている？

似ている漢字で区別がつかないものが少なからずあります。スプリングを表す「春」と穀物などを臼《うす》で搗《つ》くという意味の「舂《しょう》」、手をあげたり、試験に合格することを表す「挙」と指を丸めて握った「こぶし」を表す「拳《けん》」など。

「亨」と「享」の場合は、横線が一本あるかないかの違いで、漢字音はどちらも「キョウ」と「コウ」と共通しています。

じつは、この二つの漢字、古く甲骨《こうこつ》文字では同じものだったのが、ちょっとした意味の違いを表すために、一方は下の部分を「了」、もう一方を「子」と書くようになったものなのです。

さて、この漢字の上の部分は「京」や「高」と共通しています。これは、「高い建物がある城」を意味します。じつは「京」も「高」も同じ漢字だったものが、あとで意味を違《たが》えるためにこのように異なって書かれるようになったのです。

それでは「亨」とは何かというと、城のあいだをまっすぐ南北につなぐ「道」をいいます。だから人名で「とおる」という読み方をするのですが、これは神様と人のあいだの「気持ちが通じている」という意味でも使われます。

そして、神様に願い事をして、それが通じ、神様からの恩恵を「承《う》ける」というときに「享」という漢字が使われるのです（「生を享《う》ける」など）。

「通じている」ほうが「亨」、「承けている」のが「享」と覚えれば、間違いありません。人名でもどちらも使われますから、意味を区別して知っておくといいですね。

ちなみに、「亨」と「享」の「亠」は、「高い建物の屋根」を表しています。

■⿱舛几（ショウ）＝パーツから解読できるか？

難しい漢字に見えますが、これまであげてきた「丄」の漢字四つがわかっていると、解読できるのではないかと思います。

まず、「丄」は、「高い城の屋根」を表します。「几」は「亢」で出てきましたが、「すっくと高く伸びていること」、あるいは「伸びること」を意味します。

あとは「舛」がわかれば、この漢字「⿱舛几」の意味はわかります。

「舛」の左側、「夕」は、スコップのような柄《え》がついた、穀物をすくうための道具の形を描いたものです。右側の「㐄」は、「夕」を握って穀物をすくって上げている状態を表します（イラスト❻）。

さあ、「高い屋根」「すっくと伸びる」「スコップですくって上げる」を組み合わせて考えると……。わかりますか、ちょっと難しいでしょうか。

❻

じつは、「兗」は、「乗」という漢字の古い字体なのです。「乗」は、一般には「ジョウ」という漢字音で使われますが、漢音（序を参照）では「ショウ」と発音されます。「兗」は、「すっくと伸び上がって高い馬の背中などに乗る」ことを表す漢字なのです。

■〓（ラ）＝神様との交流

「享」は、「神様からの恩恵を承ける」という意味であると書きました。

さて、神様の恩恵を承けるために、みなさんはただお祈りだけですませますか？　それで神様がお願いを聞いてくれればいいのですが、なかなかそういうわけにもいきません。

古代中国では、「神様」といえば自分の先祖の霊《れい》をいいましたが、先祖の霊に見守ってもらうためにはお供え物をしなければなりませんでした。

それでは、お供え物には、どのようなものをあげるでしょう？　お酒もあげますが、果物などもいいですね。

「〓」という漢字には「瓜《うり》」が二つついています。

それでは「田」は何を意味するのでしょうか。

「畏」にも「田」がついていますが、これは人には見えないほどの大きな頭をもった不思議な存在を表します。日本語ではダイダラボッチとも呼ばれるもので、人智では計り知れないほどの力で山を移動させたり、座るとそこが谷や大きな凹《へこ》みになったりします。

「䰞」の「田」も「畏」と同じく、このような不思議な存在を意味します。

さて、それでは「䰞」はどういう意味の漢字なのでしょうか。

「不思議な力をもった存在と人が、互いに受け合う」ことを意味します。人が神様のようなものにお供え物をして何かをお願いする、すると神様がそれを受け取って願い事を聞いてくれるという「交流」をいうのです。

ひとつ、つけ加えておくと、「䰞」は「果物」という意味でも使われます。具体的に何という植物の実かは字書には書いてありませんが、スイカのような瓜《うり》科の大きな実ではないかと考えられます。

3 八 はち は はちがしら 部――分かれてどんどん広がれ！

■八＝二つに分ける

「八方美人」という言葉があります。日本語では「だれとでも要領よく付き合う人」という意味で使われますが、もともとの中国での意味は「どこから見ても美しい人」という意味でした。

「八方」とは易《えき》の八卦《はっけ》でいう「八つの方角」で、東西南北と乾《けん》（北西）、坤《こん》（南西）、艮《ごん》（北東）、巽《そん》（南東）の方角をいいます。

さて、「八」という漢字は、「末広がり」といって喜ばれるものでもありますが、「八つ裂き」などというちょっと怖い言葉でも使われます。

そもそも「八」とはどういう意味の漢字なのでしょうか。

これは「分」という漢字がどのようにつくられているのかがわかると、すぐに理解できるでしょう。

「分」の下の部分にあるのは「刀」です。刀で左右に切り分けると「八」になります！「八」は「二つに分ける」「バラバラになる」意味なのです。

また「半」という漢字も、旧字体では上の部分が「八」と書かれていました。「半分にする」というのは「二つに分ける」ことです。

「八」が数字の「8」を表すのは、「発」と漢字音が同じで、「発」が「八方」に向かっての出発を表すからです。

■公と共＝隠れたものが見える

「公共」という言葉があります。「公共の施設」「公共事業」など「公共」は「社会一般」という意味ですが、二つの漢字のそれぞれをよく見てみてください。「公」には上部に「八」、「共」には下部に「八」が見えます。

目の前にある壁を「八」で二つに切り分けると、向こう側が見えるようになります。この「向こう側が見える」ことが、「公」の「八」のもうひとつの意味なのです。

それでは「公」の「厶」は何を意味しているのでしょうか。「厶」の原形は「△」と書かれます。これは三方から取り囲んで隠してしまうことを意味します。「私」の右側も「厶」と書かれていますが、これも同じです。

「公」とは「隠してしまってあるもの」を切り分けてみんなが見えるようにすることを表すことなのです。これに対して「私」は、稲などの収穫物を三方から囲んで「自分のもの」として隠してしまうことを意味します。

さて「共」の「八」についても記しておきましょう。これは「両手」を表します。二つに分かれた手を一緒にして、「ともにする」「一緒になにかをする」ということを意味します。「八」は「分かれる」という意味と「分かれたものを合わせる」という二つの意味で使われます。

「公共」とは、「みんながわかるように隠さずに、みんなが一緒に力を合わせてやること」というのが本来の意味なのです。

■冀 ＝ 漢文では「こいねがわくは」

『韓非子《かんぴし》』（五蠹《ごと》篇）に「復《ま》た兎《うさぎ》を得んことを冀《こいねが》ふ」という文章があります「守株」あるいは」「株を守る」として知られる話です。

ある日、農夫が畑仕事に行くと、兎が走ってきて切り株にぶつかって死んでしまいました。兎の肉はぜいたくなご馳走《ちそう》でした。何の苦労もなく、一匹の兎を得た農夫は、次の日からずっと仕事もせず、「また兎が切り株にぶつかってくれないかなぁ」と「株を大事に守った」というのです。

その最後に出てくるのが「復た兎を得んことを冀ふ」という文章です。正確に訳せば「（苦労もなく）また兎を得られることを希望する」となるでしょう。ただ「また兎を得られたらなぁ」と訳したほうが「冀」という漢字の解釈にはふさわしいかもしれません。

それでは「冀」とはどういう意味の漢字なのでしょうか。

❼

よく見てください。「冀」は、「北」と「田」と「共」でつくられているように見えます。ただ、この「共」は、「公共」の「共」とは異なり、「十」「十」「一」「八」と分かれています。「異」の旧字体もじつは同じように分かれていて、「冀」は「北」と「異」が組み合わされてつくられているのです。
「北」は、左側の人と右側の人が背中合わせでいる状態を描いたもので、互いが「背反《はいはん》」していることを表します。
「異」は、「頭の大きい猿」、すなわち「人に似ているけれど、異なるもの」を意味します。
「八」はすでに記したように、バラバラになっていることを表します。「北」とも共通する部分です。

「冀」の意味は推測できそうですか？　イラスト❼のように「人とはまったく異なる頭の大きな猿」が「人のようになりたいなぁ」と「願っている」ことを表しているのです。

「願い事」には実現可能なものもありますが、この場合はありえないことでしょう。それは兎がまたやってきて株にぶつかって死ぬのを待つのと同じです。

「冀」とは、「ありえないことを願う」「願い」なのです。

知らなくてもいい漢字にチャレンジ

■ 䈇（テン）＝机の上に置かれた本

「公」のところで「厶」の話をしましたので、すぐにおわかりになる方も少なくないかもしれません。

まず「典」とは何でしょうか。表題の字の下部にはタテ棒が三本ありますが、「典」の字です。「典」は机の上に置いてある本です。

「典」の下の部分「一」と「八」は、「一」が机の台を、「八」が机の足を表します。「一」の上に書かれているものが「本」です。

古代中国の本は、竹簡《ちっかん》や木簡《もっかん》と呼ばれるものでつくられていました。竹や木を幅一センチ、長さ三〇センチくらいの板にして文字を書き、それを革紐でつなぎ合わせるのです。

ところで「法典」あるいは「宝典」などの熟語がありますが、これは「絶対に人が守らなければならない法律などが書かれた典籍」、また「宝として大切にしなければならない決まりが書かれた典籍」という意味です。

「典」の上についている「ム」は「しっかりとこの宝典に書かれた決まりを守りましょう。そのためにもしっかりこの宝典をみんなで読んでください！」ということを意味するものなのです。二つ「ム」がついているのは、その「しっかりと」ということを強調しているものです。

キリスト教の聖書のようなものだといったほうがいいでしょうか。カトリック教会のミサに行くと、祭壇の前には書見台があり、聖書が開かれています。

■其（キ）＝足を前に投げ出して座る姿

「落ち穂拾い」といえば、ジャン・フランソワ・ミレー（一八一四〜七五）が描いた絵を思い出す方も少なくないと思います。ミレーには「落ち穂拾い」のように貧しい農家の人を描いた連作のひとつに「箕《み》をふるう人」という絵もあります。「箕」といっても実際に見たことがあるという人は少ないかもしれませんが、両手で持って、穀物の粒と籾殻《もみがら》や藁《わら》屑《くず》を上下左右に揺すって篩《ふる》い分ける道具です。中国ではだいたい「竹」で編んでつくってあったので「箕」には「竹」冠がついています。

さて、「𠀠」は「箕」の古字です。「凵」が篩い分けるものを入れる容器を表しています。中に「日」「又」が書いてありますが、これは「日」が「実」、「又」は「手」の略字体です。手で実を選り分けるということを意味するのです。

それでは下の部分の「一」と「八」は何を意味するのでしょうか。

これは、「箕」と「人が足を前に投げ出して座っている状態」を描いたものです。「典」の場合は「机の台」と「机の足」でしたが、箕も薄いザルですから、これを「一」で表し、人が「八」の字に足を出している状態だとすれば、似ていないこともありません。

ということで、「𠀠」には、二つの意味があります。

ひとつは「穀物と籾殻などを篩い分けるための道具である箕」、それから「箕を持って両足を広げて座っている人」という意味です。

4

勹

つつみがまえ
くがまえ
ほうがまえ

部 —— お腹を大切に

■匆 ＝ スカスカな窓

「匆」という漢字を見て、すぐに、何を意味し何と発音するのかがわかる人は、だんだん少なくなっているのではないかと思います。それは手紙を書かなくなったからです。手紙の最後に書いていた言葉で「匆」という漢字を使うものは……「匆々《そうそう》」です。おなじみの「草々」は「忽々」と書きますが、もっとも古い書き方は「匆々」なのです。

意味は？ 「怱卒《そうそつ》で申し訳ございません」です。それでは「怱卒」の「怱」とは？ 「中身が調《ととの》っていなくて空虚」という意味です。

つまり、「匆々」とは「手紙として形式も中身も調わず、あわただしいなかで書いて送ってしまってごめんなさい」という意味で使われる挨拶《あいさつ》なのです。

メールでももちろん使えないことはありませんが、意味がわからずに使うのは意味のないことですし、意味がわからない人に使っても空しくなってしまいます。

それでは、「匆」とはもともと何を表す漢字なのでしょうか。

「窓」です。「勹」は、人が物を抱えて、背中が丸くなった姿を横から見たところを描いた象形文字です。お腹のところは空間になっています。

「匆」の中にある斜めの線は、その空間が崩れないように支えている棒を表します。

古代中国の建物の壁は土でつくられていました。その土壁に穴をあけてつくった窓は、壊れないようにとても小さく、まわりとその支えに、斜めに木材を入れてあったのです。

「怱」は「匆」に「心」がついて、「芯」が空洞になっているものを表します。「葱《ねぎ》」にも「匆」という漢字が見えますね。これも中身が空虚で、向こう側が見えるような植物です。

「恍惚《こうこつ》」の「惚」は「呆然《ぼうぜん》として頭や心が空っぽの状態」を表しています。

■匍 ＝ 平べったく腹這う

「匍匐《ほふく》前進」という言葉があります。「前進」ですから前に進むのですが、どういう動きで、どういう姿で？

「匍」は「ホ」、「匐」は「フク」と漢字音は違いますが、どちらもほとんど同じく「腹這《はらば》う」という意味の漢字です。つまり「お腹を地面にピッタリとつけて、両手両足を動かして前に進む」のが「匍匐前進」です。

それでは「匍」を説明しましょう。「勹」は、「人が物を抱えて丸くなった姿」と書きましたが、「勹」を反時計回りに九〇度回転させると四つん這《ば》いになった人の形になります（イラスト❽）。

そしてそのとき、お腹の部分がどういう状態になっているのか。それを表すのが「甫」です。「田圃《たんぼ》」の「圃」にも「甫」がありますが、これは「平べったいこと」を意味します。「匍」は、「お腹を平べったくして、地面につけていること」なので「腹這う」と読むのです。

ついでですから「匐」についても記しておきましょう。

「匐」の「畐」は、「富」や「逼」などにも共通して見えます。これは「ぴったりくっついていること」を表します。

「富」は、「家の中にもうこれ以上には入らないほど、内側の境の部分までぴったり豊かさが満ちていること」、「逼」は「ぴったりと地面にくっついていること」を意味します。

「匍」と「匐」、どちらも「腹這い」なのですが、細かく見ると「匍」は「お腹を平べったくすること」、「匐」は「匍」よりさらにピッタリ地面につけるということになるでしょ

❽

う。

■匀＝中国語からつくられた国字

中国の人と話をしていると、よく「韻《いん》」を踏んで冗談をいったりするのを聞きます。たとえば「今天我去新宿、以研究厳粛！（今日は新宿に行くよ、まじめに研究するためだよ）」とか。「宿」と「粛」はどちらも「スー」という音で、韻を踏んでいます。

日本語は残念ながら韻を踏みませんが、同じ音を語尾におくようにしてラッパーのような話し方で授業をしていると、学生も楽しく聞いてくれます。「子曰く！　孔子がぼやく！　行きたいなぁ、どっか遠く！」

さて、「匂」は、漢字、つまり中国でつくられた文字ではありません。日本でつくられた「国字《こくじ》」と呼ばれる文字です。だから中国に行くと「匂坂《こうさか》」という姓の方は、「匂」は何と発音するのか訊かれることになるでしょう。あるいは、「イン」と発音されるかもしれません。

なぜかというと漢字の「匀」と似ていること、さらにいえば「匂」は漢字の「匀」からつくられた「国字」だからです。音の響きを意味する「韻」は、漢字では「韵」とか「匀」と書きます。この「匀」をうまく利用して、日本の平安時代初期につくったのが

「匂」だったのです。

ところで、「香道《こうどう》」では香りを「嗅《か》ぐ」のに「聞く」という言葉を使います。奈良から平安時代までは「匂い」は「嗅ぐ」ものではなく「聞く」ものだったのです。

もちろん、「耳」から香りが入ってくるわけではありませんが、耳と鼻はつながっているということ、それから「食べる」という行為にしても「聞こし召《め》す」という尊敬語があるように、何か外側から入ってくる感覚的なものを「聴き分ける」のはもちろん、「嗅ぎ分け」「味わう」のは「聞くこと」だったのです。

知らなくてもいい漢字にチャレンジ

■⿹勹夋（シュン）＝匍匐前進ならぬ匍匐後退？

先ほど「匍匐前進」という言葉についてふれました。それでは「前進」ではなく反対に「匍匐」して「後退」するというのもあるのでしょうか。あるいは「後退」までしなくても「匍匐」した状態で止まっているとか。

じつは、「匍匐して止まる」「匍匐して退く」ことを一個の漢字で表したものがあるのです。それが「⿹勹夋」です。

「勹」は、「お腹の部分を包むようにして」「匍」や「匐」の状態を書いたものです。

それでは「夋」は何を意味するのでしょうか。

上の「厶」は、「公」で説明したように「三方を囲んで隠れていること」です。その下の「八」は、「左右に切り分けていくこと」、そして「夊」は「足がもつれて先に行けない状態」を表します。

「匔」は、「匍匐して先に進もうとしているのに、先がつっかえて、足がもつれて先に進めない」ことを表したものなのです。

■匓（キュウ・ク・ヨ・オ）＝食った食った

「勹」の中に「白」「匕」「殳」が見えます。まず「殳」を説明しましょう。下についている「又」は「手」を表します。上の「几」は武器で、防御に使う「盾凹《たてぼこ》」です。手で盾凹を高く思いきり上げていることを表しています。「投」という字がありますが、これも「手」に持っているものを、盾凹を上げるように力いっぱい上げることを意味します。

それでは「白」と「匕」は何でしょう。

「白」は、穀物を精米したものです。玄米は殻《から》をかぶっていますが、精米すると透明な「白米」になります。この「白米」を表すのが「白」です。

「匕」は柄杓《ひしゃく》やスプーンです。

さて、これらを組み合わせて、解読ができるでしょうか。

「白米を、スプーンですくって、盾凹を上げるようにする」、それに「勹」がついていま す。

ちょっと難しいかもしれませんが、これは「おなかいっぱい」ということを意味します。お腹を表す「勹」が、内側から盾凹を上げるように押し上げているのです。

「飽」という字の原型だといわれます。いわれてみると「飽」にも「勹」があります。

あんまりこんな漢字を使うことはないと思いますが、不思議なことにこの漢字には四つも読み方があります。いろいろな地方の方言で「飽きる」ということを、それぞれこのように発音していたからにちがいありません。

5 土 つち つちへん どへん 部 ── 土と大地にまつわるもの

■垂 ＝ 仁を垂らす天の恵み

「垂直」の「直」は「まっすぐに、まっさかさま」ということを表しますが、それでは「垂」とは何を表しているのでしょうか？

「上からたれ下がっていること」です。

これは訓読みでは「垂《た》れる」「垂らす」と読みます。また、ちょっと漢文的ですが「垂《なんな》んとする」という読み方もあります。「いまにも〜しそうである」「やがて〜になろうとする」という意味で使われます。

「垂」は下に「土」が書かれていますが、これは地面を表します。それでは、上の部分は何でしょう。

上の部分は、イラスト❾のように高粱《コーリャン》やトウモロコシのような、大きな葉っぱの穀物が葉を垂らして、勢いよく成長しながら、まっすぐに高く、地面から垂直に伸びていることを表しています。

これらの穀物は、人を活かしてくれる天の恵みです。

こうしたことから「垂仁《すいじん》」という熟語もつくられました。「人に恵みをほどこす、情けをかける」という意味です。

また、「釣り糸を垂らす」ことを「垂釣《すいちょう》」といったりします。

❾

トウモロコシの枝と
葉の形は
「垂」という漢字そっくり

■型 ＝ 鋳物をつくるための鋳型

東京国立博物館や根津《ねづ》美術館（東京都港区）、白鶴《はくつる》美術館（神戸市）などに所蔵される青銅器を見て、驚いた方も少なくないのではないかと思います。

「饕餮文《とうてつもん》」と呼ばれる文様が複雑に鋳込まれています。「饕餮」とは、すべてを貪《むさぼ》り食い尽くすとされる想像上の猛獣です。青銅器は、紀元前二〇〇〇年くらいからつくられてきたといわれますが、じつはどのようにしてつくられたのか、いまだに解明されていません。

古代人がもっていた技術は、いつしか絶えてしまったのです。

とはいえ、型に入れて、溶かした青銅を流し込んだことは確かです。「型」は鋳物《いもの》をつくるための鋳型のことです。

その「型」は「土」でつくられていました。「型」という漢字に「土」がついているのはそのためです。

それでは「形」とは何でしょうか。

これは「井（幵）」と「彡」でつくられています。「井」は「四角い枠」、そして「彡」は「刀」で、小刀や彫刻刀を表します。つまり、枠になる外側の形状を、彫刻刀などを使ってつくることを表しているのです。

「彫」にも「彡」が書かれていますが、これは、小刀や彫刻刀で形を「調《ととの》える」ことです。

そうして、その「形」ができると、こんどは土で「型」をつくり、そして青銅を溶かして流し込むのです。

中国では、紀元前四八〇〇年頃に発達した仰韶《ヤンシャオ》文化の時代から、現代にいたるまで、粘土を使って精巧な陶磁器がつくられてきました。

青銅器をつくるための「型」にほどこされた彫刻も、同じような精巧な技術をもつ人たちによってなされていたのではないかと思われます。

■ 坴（ルイ）＝「垣」と「塀」の違い

高い塀に囲まれた邸宅が建ち並ぶところがあります。「塀」は「土」と、「屏風《びょうぶ》」の「屏（屛）」でつくられています。「屛」は「尸」が垂れた大きな幕、「幷（并）」が「並ぶこと」を表し、もともと外から見られないように、大きな幕を張ることを表します。これに「土」がついた「塀」は、土で固めた壁になります。

ところで、「塀」と「垣」の違いをご存じでしょうか。

塀は、「敷地などの境界線に設けられる連続した壁で、隙間《すきま》がなく人の出入りを防ぐためにつくったもの」をいいます。これに対して「垣」は、見通しがきき、越えたりして人の出入りができるくらいの高さのものです。

さて、「塀」にしても「垣」にしても「土」でつくられるものですが、これらをつくるためには、まず「墼《げき》という土を練《ね》って固めたもの（日干しれんが）をつくります。おにぎりのような三角形のものです。

「坴」の意味はもうおわかりでしょう。「墼」をたくさん積んで、塀や垣をつくることなのです。

清《しん》朝後期の学者・段玉裁《だんぎょくさい》（一七三五〜一八一五）は、「墼」を積んで「垣」にすることを「ム」を三つ書いたもので表し、もっと高く「塀」のようにしたものを「垒」と書くと記しています。

建築用語などには、日本でも地方によって違いがあるものの、専門用語がたくさんあります。一般の人にはあまり関係ないかもしれませんが、「塀」と「垣」の違いなどを知っていると、昔の本などを読むときにイメージしやすいこともあります。

■垤（ありづか・テツ・チツ）＝昆虫の生態をうまく表した漢字

アフリカやオーストラリアにある、高さ五メートルを超える蟻塚《ありづか》の群塔を、テレビなどでときどき見ることがあります。中国にもあるらしいのですが、そんなものがある山奥などに連れていってもらうことなどできないなぁとぼんやり思っていました。でも、郊外に出ると当たり前のように、蟻塚が見つかるのです。もちろん、一メートルくらいの小さなものですが、シロアリがつくった立派な蟻塚です。

たとえば、唐代の詩人白楽天《はくらくてん》（七七二〜八四六）は「垤塊《てっかい》、雑木異草もて其の上を蓋襲《がいしゅう》す（蟻塚は、雑多な草木でその上部が覆われている）」（『草堂記』）と記しています。

白楽天は、虫や鳥などにも興味をもって、そうしたものを詩や文章に書いていますが、小さな蟻が大きな蟻塚をつくっていることに驚嘆《きょうたん》したのです。

さて、「至」は、下に「土」、上部に「一」と「ム」と書かれています。「ム」は、いまのわれわれの感覚でいえば、上に向かって伸びる矢印（↑）の先端部分「△」で、「土」がついて、空に向かって高く土が積もっていることを表します。「一」が意味するのは、「もうこれ以上先には高くならないほど」という意味で、白楽天のいい方であれば「蓋《ふた》が覆い被さっている」という意味の「蓋襲」ということになるでしょう。

漢字は、こうした昆虫の生態などもよく観察して、それを表すようにうまくつくられているなぁと感心することが少なくありません。

6 女 部《おんな おんなへん》——たのしく、しなやかな姿

■娯＝女たちが歌い踊りたのしむ

「呉」という漢字を見ると、故事成語でも知られる「呉越同舟《ごえつどうしゅう》」の「呉」をすぐに思い浮かべます。

呉は春秋《しゅんじゅう》時代、紀元前六世紀頃から前四七三年まで存在した国で、現在の上海《シャンハイ》、蘇州《そしゅう》周辺を支配していました。

隣国の越と仲が悪く、何度も戦争をくり返し、結局、越王句践《こうせん》によって滅ぼされてしまいます。

ある日、呉と越の境にある川の渡し船で、呉の兵士と越の兵士が十数人一緒の舟に乗っていました。

ところが互いに反目しあって、舟の空気はピリピリしています。と、突然暴風雨が舟を襲い、転覆の危機にさらされます。いま、帆《ほ》を下ろさなければ舟

は川の水に呑みこまれてしまうというとき、呉と越の兵士たちが力を合わせて帆を下ろし、難を避けることができたのでした。

「呉越同舟」とは「危機の中で、敵どうしが協力しあうこと」、また「仲の悪い者どうしが同席する」という意味で使われます。

さて、「呉」とは、もともとはどういう意味でつくられた漢字なのでしょうか。

「口」が大きく書いてありますが、これは人が笑って大きな口を開けているところを表します。そして、下の部分は、笑う人が、身体をくねらせている姿を描いたものです。

もしかしたら、呉の国の人たちは、明るく陽気な人たちだったのかもしれません。

ところで、これに「女」偏がつくと、「たのしい」「たのしむ」という意味になります。

これは「歌ったり踊ったりして、大きな声をあげて笑い転げる」ような「たのしみ」を表します。

「娯楽」という熟語がありますが、これは本来、身体をくねらせて大きな声で笑うような楽しみをいうものです。

前五八五年に即位した呉王・寿夢《じゅぼう》のときに国が強大になったために、国の名前と「たのしむ」という意味を区別するために「女」偏がつけられたといわれています。

■媒 ＝ 媒妁人はウメに通じる

「某」という漢字は「甘」と「木」を合わせてつくられています。「甘」と「木」の組み合わせであれば「柑」という漢字もあります。

部首は、旁《つくり》があって、後からつけられることが多いので、「甘」に対して二つの意味を分けるために、ひとつは左に、ひとつは下に、それぞれ「木」の部首（義符《ぎふ》）がつけられたのだと考えていいでしょう。

さて、「甘」は人の舌の形に「丶」を打ったものです（イラスト⑩）。この「丶」は、矢印（↓）を表し、舌の真ん中のところにおいしい食べ物がのっていることを表しています。

舌にのせていて「おいしい」と思うもの。それは「某」の場合は「梅（楳とも書く）」です。そして「柑」の場合は「金柑《きんかん》」「蜜柑《みかん》」となります。

おそらく、これはそれぞれの地方の特産物の違いで、たまたま「甘」と「木」がつく字が重なってしまった。その違いをうまく書き表すために、「梅」には、「某」にさらに「木」をつけて「楳」という漢字をつくったのだと考えられます。

⑩

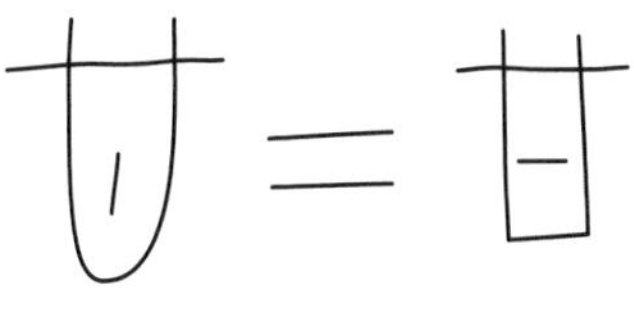

では、「某」に「女」をつけた「媒」について説明します。

「某」は「梅」が原義ですが、もうひとつ「なにがし」という読み方もあります。『論語』にも「某《なにがし》は斯《ここ》に在り（はっきり名前をいえない人が、ここにいるよ）」と使われています。

これは、音借《おんしゃく》（または「借音《しゃくおん》」とも）です。音借とは、漢字の発音が同じであれば、漢字の意味に関係なく互いに通用するという表記法をいいます。

わかりやすくいえば「当て字」です。「だれか」「なにがし」という意味を表す漢字がなく、ただその言葉は「梅」を表す「某」と同じ発音でした。

それで発音を借りて「だれか」「なにがし」を「某」と書くようになったのです。

「媒」の「某」は、互いに知らない「男」と「女」の二つを意味します。

そして「女」は、これらを「くっつけること」「互いが互いを受け入れるように、媚《こ》びる」ことを表します。「女」はとくに「女性・男性の性」のことを表すものではなく「くっつく」「なよやか」「たおやか」などを表す記号なのです。

古代中国では「楳（梅）」は、出産を助けるということを象徴するシンボルとされていました。そうしたことから、「媒妁《ばいしゃく》（酌）」する人を立てて男女が結ばれる役目をすることは、とても大切にされたのでした。

知らなくてもいい漢字にチャレンジ

■嫚（エン・オン・ワン）＝身体をくねらせてこちらを見る美女

「嫚」は、『史記』には「嬛」、『文選《もんぜん》』（中国の詩文選集）には「嫚」と書かれています。

いずれにせよ、あまり目にする漢字ではありません。

ただ、この三つが同じだといわれると、なんとなく「こんな感じの漢字かなぁ」というイメージはできるのではないでしょうか。

「女の人が、なよなよとしなやかに身を捩《よじ》りながら、目をぱちくりさせている姿」です。

この三つの漢字の右側に共通して見えるのは「目（罒）」です。とくに「嫚」には二つも「目」がついています。美しい目をこちらに向けている女性を表しています。

そして「嫚」の右側の「罒」を除いた部分は、身体をくねらせている状態を表します。

つまり「女性が、身体をくねらせながら、両目でこちらを見ている」ことを表すのです。

ついでですが「嬛」の旁は、「円を描いて目をめぐらすこと」を表します。きれいな女性が首を傾げてゆっくり目をめぐらす姿は妖艶《ようえん》です。

また「曼」は「なよなよとした状態」「長く後をひくこと」を表します。

古代中国の歴史書には、こういう女性との関係で国を喪《うしな》った話がいくつも記されています。

■孀（ソウ）＝愛を失った冷たい女性

「孀閨《そうけい》」とか「孀居《そうきょ》」という言葉があります。

「霜《しも》」は、秋の終わりから冬、寒い朝に地上を真っ白におおう氷の結晶です。ただ、文学では古来、霜は「白髪」を喩《たと》える言葉として使われてきました。

「みなのわたか黒き髪に何時の間か霜のふりけむ」　山上憶良《やまのうえのおくら》

（巻き貝の腸《はらわた》のように黒々としていたあの黒い髪が、いつのまにか、霜のような白髪になってしまった）　『万葉集』（巻五・八百四番）

この歌は、憶良が「白髪」を「霜」と見立てて、年をとったことの驚きを書いたものですが、もちろん遣唐使で唐に行き、漢籍にもくわしかった憶良の典拠は、中国の古典にあります。

さて、「霜」という漢字の「雨」の部分は、「雨」に限らず、広く気象に関することを表しています。そして「相」の「木」は、「林」の意味で、「同じ形のものが並んでいること」を表します。「霜」を虫眼鏡などでじっくり観察したことがあるでしょうか。「皿」のような形で、霜柱がたくさん並んでいます。「霜」はこういう霜柱が並んでいる状態を描いたものなのです。

ところで、「霜」は「白髪」を表すと記しましたが、同時に「冷たいこと」も表します。「女」に「霜」は「冷たい女性」、つまり「愛を失った女性」です。日本語では「やもめ」といいますが、夫が亡くなった女性のことです。

「(夫は) 不幸にして早く卒し、妾《わたし》独り孀居す」と、中国明代の短編小説集『剪灯余話《せんとうよわ》』には書かれています。

7 子 こ こへん こどもへん 部——ちいさいこども

■孤 ＝ コロンとひとりだけでいる状態

「孤独」という言葉は、『孟子《もうし》』（梁 恵王篇下《りょうのけいおう》）に使われる古い言葉です。

孟子（前三七二頃～前二八九頃）は、人はだれでも生まれながらに「善」の心をもっているということ（性善説）を思想の根底において、孔子の教えを発展させた思想家です。いまとなっては、何を「善」とするかは定義が難しいことですが、孟子は、「どんな人でも大切にすること」、つまり孔子の教えである「仁」こそ、人の善なる心の「核」なのだと考えていました。

「老いて妻無きを鰥《かん》と曰《のたま》い、老いて夫無きを寡《か》と曰い、老いて子無きを独《どく》と曰い、幼にして父無きを孤《こ》と曰う。此の四者は、天下の窮民《きゅうみん》にして告ぐる無き者なり」と、『孟子』にあります。

年老いて妻がいない鰥夫《かんぷ》、年老いて夫がない寡婦《かふ》、年老いて子どもがいない独身、孤と呼ばれる父親のいない子ども（鰥寡孤独《かんかこどく》）、彼らは自分の苦しみを訴える相手がいないかわいそうな人たちだというのです。そして、こうした人を救済することこそ政治の緊要である、と王に説くのです。

さて「孤」とは、「子」と「瓜」の組み合わせでつくられています。

「子」は、小さな子どもを描いた象形文字です。それに「瓜」がついていますが、「瓜」は、たとえばスイカのように丸く、コロンとひとつだけ転がってなる実を表します。こんなふうに、子どもが身寄りもなくいる状態を書いたのが「孤」なのです。

現代語の「福祉」という言葉は、もともとは「幸福」という意味だったものが大正時代になって「社会の成員の物質的、経済的充足」の意味で使われるようになったものです。

孟子はそれをうまくいい表すことができないまでも、同じようなことを考えていたのだと思います。

■季 ＝ 収穫して一年が終わる

「私、きょうだいの末っ子です」という方もいるのではないかと思います。「末っ子」を、漢字ひとつで表すことができます。

「季」と書きます。

古代中国では、長男を「伯」、次男を「仲」、三男を「叔」、それ以降を全部「末っ子」と呼んで「季」と書きました（伯仲《はくちゅう》 叔季《しゅくき》）。

春夏秋冬の季節は、それぞれ三つの時期に分かれられ、たとえば「春」は「孟春《もうしゅん》」「仲《ちゅう》春《しゅん》」「季春《きしゅん》」と書きます（以下「孟夏」「仲夏」「季夏」など）。「春の季」が過ぎれば次は「夏」、「夏の季」が終われば次は「秋」というように「春夏秋冬、それぞれの末っ子」で「節」がきて、次のシーズンがはじまるのです。

それでは「季」とは、もともと何を表す漢字なのでしょうか。

「季」は「禾」「子」でできています。

「禾《のぎ》」は穀物の穂で、「子」は、その穂に実った米や麦、粟、稗《ひえ》など、穀物の「実」を表します（イラスト⓫）。

古代中国では、秋に穀物が収穫されると、まもなく人事が発令され、同時にそれに応じて俸禄《ほうろく》が支払われました。これは江戸時代の日本でも同じです。江戸時代、武士には秋の終わり、十月に俸禄として年俸の半分が、二月と五月にそれぞれ残りの四分の一ずつが払われました。

つまり、「季」とは、穀物の実がなって「一年が終わる」ということを表すものだったのです。

知らなくてもいい漢字にチャレンジ

■⿰母子（コウ）＝お母さん＋子ども＝好き

「二つ以上の漢字を組み合わせると、別の意味の漢字になる」というのは、漢字の基本的な造語の方法です。それは、英語やラテン語などでも同じで、語根となる言葉を組み合わせて、それに接頭語、接尾語をつけると、別の意味の言葉ができます。こうして新しい言葉をつくっていかないと、新しいものが発明されたり発見されたときに、それにふさわしい言葉をつくれなくなってしまうからなのです。

大和《やまと》言葉（和語）は、そういう点では、新語をつくるのになかなか不便で、だからこそ漢字や外国語で書かれたものをカタカナ表記で表していくしかない。ちょっと寂しさがないではありません。

さて、「好」という漢字は、中国最古の字源を記した字書『説文解字《せつもんかいじ》』以来「女」偏の字として分類されていますが、ぼくは、これはたまたま「女」が部首の部分（左側）に置かれているからではないかと考えています。

それは、「好」を表す漢字に「𡥆」という書き方があるからです。

「好」は、もともとは、女性が子どもを抱いているところを描いた会意《かいい》文字です。それが愛情を感じる「好き」とか「好む」という意味に転化して使われるようになったものです。

子どもを産むのは女性です。そして子どもを産めば、女性は「母」になります。「母」という漢字の二つの「、」は、子どもに母乳を与える乳首を表します。

ただ、女性が「母親」になっても、女性は女性であることに変わりはありません。

そうであれば、自分が生んだ子どもをかわいいと思って「女性」が抱くのか、「母親」が抱くのかに区別もないことになります。したがって「母」と「子」、「女」と「子」のいずれの組み合わせでも、同じ意味なのです。

部首に「母」はありません。「母」は、「貫《つらぬ》く」という意味の「毋（なかれ）」部におさめられています。

もしも「𣫭」という漢字が「好」の代わりに多く使われていたら、あるいは「母」という部首もつくられていたのかもしれません。

■孬（カイ）＝二つの漢字を一つにまとめた

中国語を勉強している、あるいは大学で少し習ったという方も少なくないのではないでしょうか。

「良くない」ということを中国語では「不好《プー・ハオ》」と書きます。ご覧ください！　そのまま、二つの漢字を一つにまとめたものがあるのです。

発音は「カイ（クワイ）」と明末の字書『正字通《せいじつう》』には記されています。

意味は、「不好也」と書いてあって、「好くないこと」とあります。「みにくいこと」をいうのでしょう。

ただ、実際の文章で使われた用例を見つけることは、いまのところできません。

「不」がついた漢字には、ほかに「丕」があります。これは「大いに」という意味ですが、つまり「一《いっ》ならず（一つではない）」ということです。

また「覔」という漢字もあります。「簡単だ！『見えない』という意味だろう」と思うでしょう。じつは「覓」という漢字の俗字なのです。「覓」は「もとめる」と読んで「求」と同じように使う漢字です。

8

宀《うかんむり》部——家の屋根の下で

■守＝手を使って守っている

夏の夜、窓にヤモリがいるのを見ると、かわいいなぁと思うと同時に、「守ってもらっているなぁ」と感じます。ヤモリは、漢字で「家守」と書くからね、と小さいときに教わったからかもしれません。

さて、「守」という漢字は、小学三年生のときに習います。「宀」に「寸」とどちらも三画で、多くの漢字に使われるパーツですから、小学一年で教えてもいいのではないかと思うのですが。

「宀」は、上から屋根をかぶせた家の形が記号化されたものです。「宅」「家」「寝」など、住まいに関する漢字に多く使われるほか、「宇」や「宝」「寒」などのように「上から覆いかぶせること」、「取り囲んでしまうこと」を表す漢字に使われます。

それでは「寸」とは何を表す記号なのでしょうか。

これは「手」を描いた象形文字に「丶」を添えて、手で何かをしていることを表します。「守」の場合は、家を「手を使って守っていること」を意味します。

「守護」や「守勢」という熟語がありますが、いずれも武器を持って自分の領地などを守ることです。

また、「守」を使った漢字に「狩」がありますが、左側の「犭（けものへん）」は「犬」を表します。何匹もの犬を使って獲物《えもの》を「取り囲み（宀）」、「手に武器を持って」捕まえることを意味します。

■宏　＝スケールの大きな力強さ

「宏」という漢字は、人の名前にもよく使われます。一字だと「ひろし」と読むことが多いと思うのですが、さて、どういう意味の漢字なのでしょうか。

「宏」は、「宀」と「厶」、それから「手」を表す「ナ（𠂇）」の三つのパーツが組み合わされてできています。

「厶」は、右腕の上腕部と肘《ひじ》、前腕を線で表した象形文字です。イラスト⓬のようにボディービルダーが筋骨隆々の腕を見せているところです。

そして、それをさらに強調しているのが「ナ」です。これは腕だけではなく指まで入れた「手」を表します。つまり「ナ」と「厶」で、非常に力の強い腕力を示しているのです。

それでは、その腕で何をしようとしているのでしょうか。

「宀」は、上から覆い被せた「枠」を表します。「宏」は、力強い腕で、この「枠」を内側から広げていこうとしているところを書いたものなのです。

もちろん、「力わざ」といっても、必ずしも腕力だけとは限りません。「宏弁《こうべん》」は「壮大なスケールでの議論」、「宏猷《こうゆう》」は「スケールの大きな計画」を意味します。

「宏」の漢字を名前にもつ人には、常識という枠にとらわれない仕事をしてほしいと思います。

⓬

■容 ＝ 姿も心も美しく

「器《うつわ》が大きい、器が小さい」と、人の度量の大きさをいう言葉があります。

「器」は旧字体では「器」と書き、「犬」と「口」が四つでつくられていました。もともとの意味をご存じでしょうか。

「口」は、さまざまな容器を表します。そして「犬」は、容器の種類の多さを表します。「犬」は番犬、狩猟犬や食肉のためにも飼われていました。また色も赤茶、白、黒、斑《ぶち》などさまざまです。「犬」はこうした「種類の多さ」を表すための記号としても使われています。

さて、それでは「容」とは何を意味する漢字なのでしょうか。

「容」の下に見える「谷」から説明しましょう。

「口」は、「器」と同じく、何かを入れるための「口」が空いたものを表します。上の部分に「八」と「へ」が書かれていますが、「へ」は「高い山」、「八」は、山と山のあいだで開いて見えるところ、つまり「谷」を表しています。「谷」とは、まわりを囲まれて凹んでいる状態を書いたものです。

「宀」は、それを覆う「蓋」です。

「容」は、「すがた」「かたち」という意味でも使われますが、外側を覆っているところを表すのが「宀」なのです。

人の心の度量をいうのが「器」、それに対して外に見える容姿をいうのが「容」、どちらも美しく磨くのが「学問」であると、中国の古典では教えています。

知らなくてもいい漢字にチャレンジ

■病（ヘイ・ヒョウ・ケイ）＝病気がどんどん悪化する

「十干」は「甲《こう》乙《おつ》丙《へい》丁《てい》戊《ぼ》己《き》庚《こう》辛《しん》壬《じん》癸《き》」だと先に書きました。日本では、甲（きのえ）、乙（きのと）、丙（ひのえ）、丁（ひのと）、戊（つちのえ）、己（つちのと）、庚（かのえ）、辛（かのと）、壬（みずのえ）、癸（みずのと）ともいいます。

難しそうに感じますが、覚え方は簡単です。「木火土金水」という中国古代の五行相克《ごぎょうそうこく》説の順番を知っていれば十分です。

五行相克説とは、この世のすべての現象は、物質も含めて「木火土金水」の五つのエレメント（要素）の組み合わせでつくられていて、かつ、その主体は「相克」によって変化するというものです。

相克は、「木」と「火」では「火」が、「火」と「土」では「土」が、「土」と「金」では「金」が、「金」と「水」では「水」が、それぞれ克服・超越していくという考えです。

これに「お兄さん」を「え」と呼ぶことと、「弟」を「と」と呼ぶことを加えればわかります。

「木」のお兄さん「きのえ」が「甲」
「木」の弟「きのと」が「乙」
「火」のお兄さん「ひのえ」が「丙」
「火」の弟「ひのと」が「丁」
「土」のお兄さん「つちのえ」が「戊」
「土」の弟「つちのと」が「己」
「金」のお兄さん「かのえ」が「庚」
「金」の弟「かのと」が「辛」
「水」のお兄さん「みずのえ」が「壬」
「水」の弟「みずのと」が「癸」

お兄さんと弟の違いは、お兄さんがそれぞれの現象の「はじまり」、弟が現象の充実を意味することです。

たとえば「きのえ」は「草木の芽生え」、「きのと」が「草木がどんどん伸びていくこと」というような具合です。この「甲乙丙丁戊己庚辛壬癸」で、あらゆるものの生命が現れ、発育し、消滅するまでの過程を示しています。

さて、「病」の「宀」の下にある「丙」は「ひのえ」です。「火」は「陽の気が発揚すること」を表します。ただ、「陽」だからよい、「陰」だから悪いというわけではありません。よいことでも悪いことでも、何かが発生してどんどん大きくなろうとしている状態です。

「病」の場合は、左側に「片」を反転させた「爿」があるので、二つに「半分に分かれてしまうこと」を表します。

「半分に分かれてしまうことで、どんどん大きくなる」のが「宀」で蓋をされてしまうとどうなるのでしょう。……いつかは、根本から壊れてしまうかもしれません。

「病」は、「おびえる」という意味の漢字で、病気のようなものが体内でどんどん悪化して、自分の身体を破滅させるのを感じて、襲われるようにどうしようもない状態になってしまうことを意味します。

■契(エイ・ケツ・エッ)＝ピッタリ合っていて安らか

「契約」という言葉があります。明治時代に法律用語としても民法などで使われるようになりますが、これは「二人以上の当事者の申込とその承諾の意志表示の合致を成立させる法的行為」を意味します。

ただ、すでに鎌倉時代頃から、「約束すること」という意味で使われる用例を見つけることができます。

中国古典の漢語の語彙《ごい》には「契約」は見つかりませんが、「契印」「契合」という言葉はあります。いずれも「割符《わりふ》」がピッタリと合っていることです。

それから日本語では、「男女の契り」という場合、「契」を「ちぎり」と読みますが、どういうことをいうものなのでしょうか。

「契」という漢字は、旧字体では左上の部分が「丰」と書かれました。「丰」は、刻み目を入れた木片を表します。右側の「刀」は、その刻むための道具です。「大」は「両手、両足を開いた姿」で、左右が対称的になっていることを表しています。

つまり、刻みを入れた木片がピッタリ合致している状態をいうのです。

そういえば「男女の契り」も、『古事記』に書かれる「伊邪那岐命《いざなぎのみこと》と伊邪那美命《いざなみのみこと》」の国づくりも、伊邪那岐命が「私の体には一カ所余った部分がある。私の余ったところをあなたの足りない部分に突き刺して塞《ふさ》ぎ、国土を生みたいと思う」といってはじまったのでした。

さて、これに「宀」がつくとどういう意味になるのでしょうか？

上からすっぽりと守られた屋根「宀」の下で、二つのものが互いに寄り添うようにしているという状態から「安らかである」ということを意味する漢字になります。

また、諍《いさか》いがなく「静かである」ということも意味します。

一緒に暮らす人とは「実」を保っていければなぁと思うばかりです。

9

寸《すん　すんづくり》部——手で何かしているところ

■寺＝もともとは迎賓館だった？

「寺」と書かれると、どうしてもわれわれは東大寺や興福寺などの仏教寺院を思い浮かべますが、じつは「寺」には、もともとそんな意味はありませんでした。もちろんです。仏教が中国に伝わるのは紀元一〇〇年頃、「寺」という漢字がつくられたのは、紀元前一五〇〇年頃なのですから。

さて、「寺」の下部にある「寸」については、すでに「守」で説明しましたが、「手」を描いた象形文字に「丶」を添えて、手で何かをしていることを表します。

それでは「寺」の上部の「土」は何を表すのでしょうか。

象形文字では、この部分は「止」と書かれています。「止」は、人の「足」を描いた象形文字です。

つまり「寺」は「手」と「足」を合わせてつくられた漢字なのです。

さて、それでは、ついでなので「侍《さむらい》」とは、本来何をする人をいいますか？

「さぶらう人」から「さむらい」という言葉がつくられたのですが、「さぶらう」とは身分の高い人に仕えて、その人のための身の回りの世話をする、命令されるまでじっと身分の高い人の側に仕えて待っていることをいいます。

これで「寺」の意味もおわかりでしょう。「手足を使って、雑用をすること」が「寺」のもともとの意味なのです。

「寺人《じじん》」は、「お寺に住んでいる人」ではありません。「人のそばに侍《はべ》って雑用をする人」をいいます。

それではなぜ、「寺」が仏教寺院を意味するようになったのでしょうか？

それは、漢代、紀元一〇〇年頃、西域からきた僧侶を「鴻臚寺《こうろじ》」という外国人用の接待所に泊めた後、この施設を仏教の寺院として皇帝が与えたため、それ以降仏教寺院には「寺」という名前がつけられるようになったからです。

もともと「鴻臚寺」は、現在の東京・赤坂にある「迎賓館《げいひん》」みたいなところで、外国からやってきた貴賓を宿泊させる施設です。そういうところには、必ず「寺人」がいて、貴賓たちの側に「侍」って、彼らの世話をしたのです。

■尋＝右手と左手が隠れている！

「この漢字は『ヨエロ寸』と覚えれば簡単だ！」と、高校のとき国語の授業で教わりました。たしかに、そう覚えれば忘れることはありません。

しかし、長いあいだ、「ヨエロ寸」がなぜ「たずねる」という意味なのか、どういう意味の「たずねる」なのかは、よくわかりませんでした。

ところが、それぞれのパーツを調べてみると、その意味がはっきりします。説明しましょう。

「ヨ」は、古くは「帚」の上の部分と同じように、真ん中の横「一」が突き出して書かれています。そうするとこれは「手（ナ）」を表します。その下に「口」がついていますので、この二つを合わせると「右」という漢字が現れます。

そして、「口」の左側には「工」がある……同じように「ナ」と「工」を合わせてみると「左」という漢字が現れます！

⓭

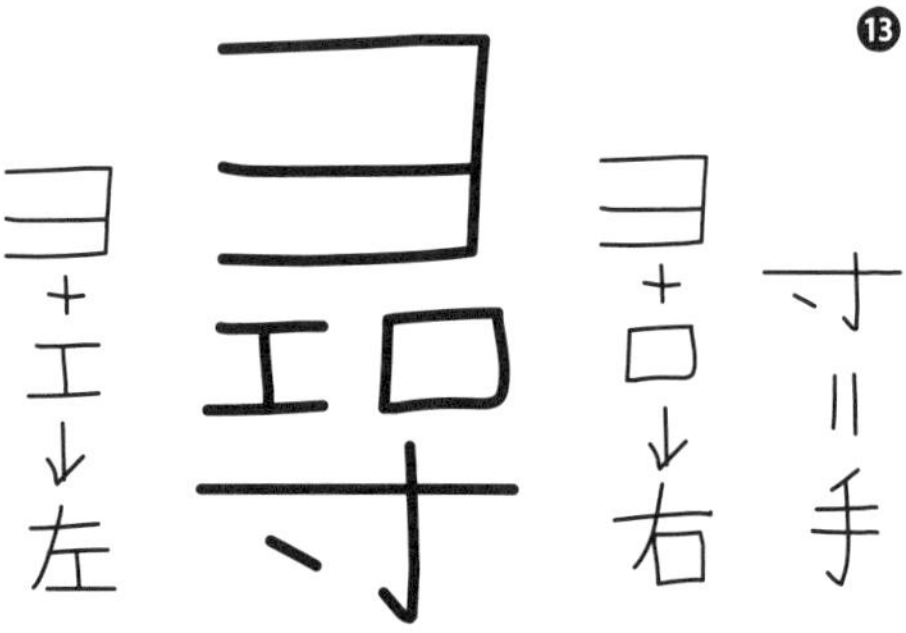

「ヨエロ」は「左右」を意味しているのです（イラスト⓭）。

それにさらに「手」を表す「寸」がつくと、「両手で探り出すこと」を意味する漢字になります。

『春秋左氏《しゅんじゅうさし》伝《でん》』には「日に干戈《かんか》を尋ぬ」という言葉があります。これは「毎日毎日、武器を求めていく」という文章ですが、つまり「次々と戦いの相手を求める」「戦争をつづけていく」ことを意味します。

また長さの単位で「一尋《ひろ》」というものがありました、これはいまの約一八〇センチを表しますが、両手を左右に広げて、左右の指の先までの長さを表したものです。

長さの単位は人の足、手を使って規準にしたものが少なくありませんが、「ヨエロ」の「左右」を忘れなければ、「一尋」の長さもすぐに覚えることができるのではないでしょうか。

知らなくてもいい漢字にチャレンジ

■𠨬（セン・ゼン・スイ）＝どんなさかずきのイメージ？

「巵」は「さかずき」と訓読みし、お酒を注ぐ「盃」をいいます。古くは「卮」と書かれていたのが、「卮」という悪い意味で使われる漢字が見えることから「巵」と書かれるようになったものと考えられます。

ところで「巴（巵の下部）」の部分を「口」に替えると「后」という漢字になります。「后」の「口」を除いた部分は、「人」の字の変形（九〇度反時計回り）したものです（イラスト⓮参照）。

つまり「人」と「口」で、王公が臣下に対してねぎらいの「言葉」を与えているところを表しているのです。「皇后」などの熟語で使われるものですが、わが国の皇后も、行幸があると人々に声をかけられます。

さて、「巵」のように「口」の代わりに「巴」がついているとどうでしょう。

「巴」とは、人が両足を地面につけて伏せ傅《かしず》いている姿を描いた

⓮

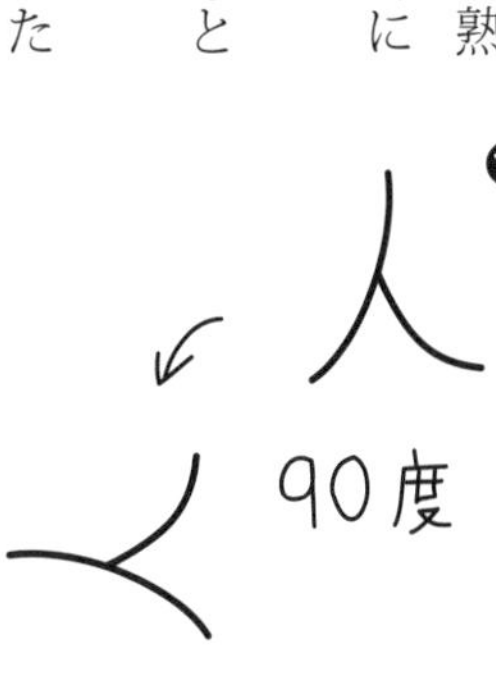

ものです。『説文解字』には「巴」は「節」の右下の部分と同じだとして、人が飲食を節制するよう戒《いましめ》めるため、君主が与えた酒杯だと記されています。

それでは、右側の「專」とは何を意味する漢字なのでしょうか。

「專」はかつて「叀」の下に「寸」と書かれていました。

「叀」は、糸巻きです。上の部分に見える「十」は、糸巻きから、糸が一本だけ出てくることを表しています。「寸」は、その一本の糸を取り出す「手」を表します。

「專」は、ここから「ひとつのことを、手を使って大事におこなっていく」という意味で使われるようになりました。

はたして、「卮」と「專」を合わせると、「王公が、臣下に節制をうながして与える、ただひとつの大切な酒杯」ということになります。

古代中国の発掘品の中には、取っ手が左右についた蓋《ふた》つきの盃があります。これを取っ手の部分は専門用語で「耳」と呼びますが、臣下の人は蓋を取り、「耳」を両手でつまんで中に注がれた酒を飲んだのでしょう。

「䏶」は、臣下が王公からいただく卮で、その卮は、「專一《せんいつ》に節制を守るようにともらった、耳のある蓋のついた酒の入ったもの」を表すのです。

■叵（ハ）＝「できない」を一語でいう

おもしろい漢字を紹介しましょう。

『水滸伝《すいこでん》』（第一回）にも使われています。「叵耐無礼！」で「ポーナイウーリー」と読んで「できないんだ！　堪忍《かんにん》できない!!」という意味です。

さて「叵」は、「叵」に手の意味である「寸」をつけたものなので、「叵」の意味がわかれば、あとは簡単だと思われます。

「叵」とは何をいうのでしょうか。

『説文新附』（序を参照）によれば「不可」の意味で、「良い」という意味の「可」を左右反転させて一本線を下に加えたものと書かれています。

「叵奈」で「ポーナイ」と読み「どうすることもできない」と使った例が元曲《げんきょく》（元の時代の歌）に見えたり、『後漢書』には「叵信」を「信ずることができない」と書かれたりしています。

さて、「寸」は、「手でいろいろな作業や手伝いをすること」でした。そうしたことが「叵（不可）」なのですから「何もすることができない」という意味の漢字になります。

「叵」や「叵」は、使い勝手がいい漢字だと思いますが、日本では使われなかったようです。『水滸伝』を自在に読みこなした曲亭馬琴《きょくていばきん》の文章にも、いまのところ見つけることができません。

10

小

しょう
ちいさい
なおがしら

部――小さく、バラバラに

■小＝「小学は学問研究の要」

小学校一年生のときに習う「小」は、真ん中の一本線を長く書かなければなりません。数年前までは、跳《は》ねて「亅」と書くようにと指導されてきましたが、いまは跳ねても跳ねなくてもいいということになりました。

文科省が何を規準にこうしたことを判断するのか、漢字や言葉を専門にするぼくからすると、まったくわかりません。

もともと、どっちでもいいというのが漢字の書き方の特性であり、書き順などをいちいち示す必要がないために行書や草書などの書き方を教えていた名残《なごり》として「跳ね」などがあったのですから。

さて、「小」は、もっとも古くは「丶丶丶」、あるいは「∴」と書かれていました（イラスト⓯）。これは、小さいものがバラバラの状態であることを意味します。

たとえば「小」がつく熟語をみると、それはよくわかると思います。「小豆」「小説」「小雨」などです。

「長編小説」といういい方がありますが、「小説」とは、古代中国の言葉では「とるに足りない短い話」を意味するものでした。

「小学」という中国学の専門用語もあります。これは言語学、書誌学、目録学などをいいます。細かな言語研究、書誌に関する研究、図書館に所蔵される図書の研究などをいい、「大学」と区別します。

「大学」とは、経学《けいがく》（儒教）の深淵《しんえん》な哲学や思想を研究する学問をいいます。ただ、「小学は、学問研究の要《かなめ》」といわれ、基礎的言語学、書誌学的、目録学的な研究の造詣《ぞうけい》なしには、「大学」を大成させることはで

⓯

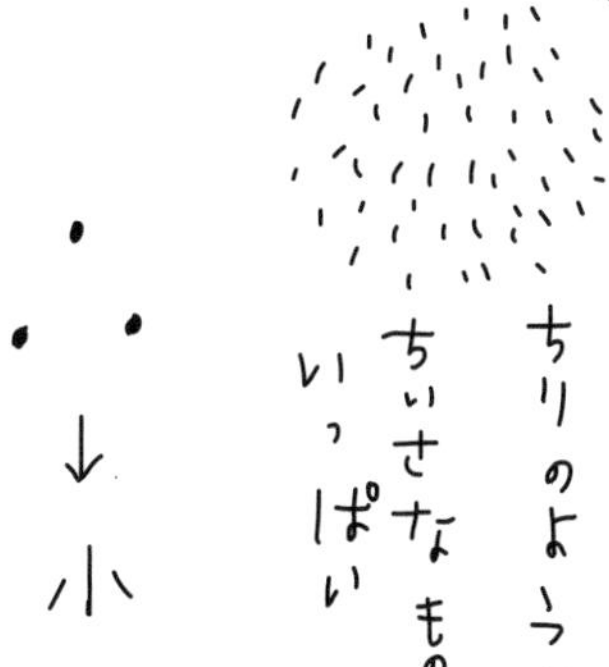

きないともいわれます。

小学生のときに習うことは細かなことかもしれませんが、やはりこれこそが学びの基本なのです。

「小」の真ん中の縦棒は「跳ねても跳ねなくてもいい」という漠然《ばくぜん》としたものではなく、もともとは「跳ねないもの」だったのが、書写材料の筆の発達とそれにともなう書道の発展によって、跳ねて書くようになったもの、ということを知っておく必要もあるのではないかと思います。

■少＝小額と少額の違いは?

「小」に一画だけ足した「少」は「少量」と使ったりしますが「小量」と書く場合もあります。また、「小」は「小さい」と読み、「少」は「少ない」と読みますが、さて、どのような違いがあるのでしょうか。

「小」は「、、、」と、小石などがバラバラになっていることを表していますが、「丿」は何を表すのでしょうか。というより、何に見えますか?

「丿」は、「刀」「刃物」です。「小」と「丿」を合わせて「小さくして削《そ》ぎ落とす」ということを意味します。

「砂」という漢字がありますが、「砂」は初めから「砂」だったわけではありません。おそらく初めは大きな石、岩だったと思われます。それが風や雨にさらされて、少しずつ削られて細かな「石」になり「砂」になったのです。

このように考えると「小額」と「少額」の違いもわかるでしょう。

「小額」は、小銭を何枚か集めた「額」のお金です。二十～三十円、あるいは二百～三百円というように、小銭（これもどこまでを「小銭」と考えるかはそれぞれの人によって違いますが）で間に合う程度の「額」だと考えてよいでしょう。

「少額」は、たくさんあるお金の中から削って出すお金のイメージです。こちらのほうは、たくさんあるお金の中からどれくらい削って出すかによって、「額」の多寡《たか》があるでしょう。百万円のうちの一万円、一万円のうちの百円、のどちらも百分の一と割合では同じですが、金額は異なります。

料理に使う塩も「小量」であればほんの一つまみか二つまみくらい、「少量」であれば、ボールのようなものにいっぱい塩を入れて置いて、そこから少しずつ味加減を見ながら鍋に入れていくようなイメージです。

「丿」があるか、ないかで「小」と「少」は意味がまったく異なるものなのです。

■糸小（マ）＝糸くずのようによく見えない

中国語で、平常文を疑問文にするには、最後に「麼《マ》」という漢字をつけます。「你吃《ニーチー》」だと「あなたは食べた」となりますが、「你吃麼《ニーチーマ》？」だと「あなた、食べた？」と疑問文になります。

このように見ると「麼」という漢字は「？」を表しているように思われますが、この漢字は古くは「糸小」と書かれていました。あるいは、「∴∴∴」と書いても同じです。

「麼」はもともと「麼」と書かれていたのが簡単になったものです。

「麼」の下の部分「幺」は、「切れ切れになった糸くず」を描いたもので「小さいこと」を表します。

また「麻」は、植物としての「あさ」ですが、同時に「麻薬」とか「麻痺《まひ》」など身体が「しびれる」という意味でも使われます。しびれて感覚がなくなり意識が朦朧《もうろう》とすることですが、「糸小」の状態とも重なるのがイメージできますすか。

しびれて、糸くずになるような感覚、つまり「よくわからないこと」が「糸小」であり、疑問を表す「麼」という意味で使われるようになったのではないかと思うのです。

■𡭴（ケキ・キャク）＝漏れてくる光の粒

この漢字を見て、「隙」を思い浮かべる方は漢字解読のマスターになれます！　そうです、「𡭴」は「壁の隙間《すきま》」という意味の漢字なのです。

「小」は、「丶、丶」あるいは「∴」で、バラバラの小さいものを意味すると記しました。これが二つ上下についているのは、「尛」で「小」が三つあったのと同じで、よくわからないくらいの細切れになった小さいものを表します。

そして真ん中に「臼」がありますが、これは「白」の第一画が「小」の真ん中の縦棒の影響で失われてしまったものです。

「白」は、古代中国では「透明」を表します。「透明で、バラバラで小さいもの」とは、何でしょう。

「光」です。壁と壁のあいだから漏《も》れてくる光の粒を記号化したのが、「𡭴」という漢字なのです。

そして、これをもっとわかりやすくするために「隙」という漢字がつくられました。この場合の「阝（こざとへん）」は、土を高く盛った壁を表します。

『荘子《そうじ》』に「白駒の隙を過ぐるが如《ごと》し」とあります。白い馬が、壁と壁のあいだを走り去るように、時間はあっという間に過ぎていくという意味ですが、「白い馬」といいながら、これも光を表します。

「光陰矢の如し」という格言があります。「光陰」とは「光」と「陰」ですが、「幻《まぼろし》」のように見えるようで見えないもの、見えないようで見えるもの、のことです。

弐

11

尸

しかばね
かばね
しかばねだれ
しかばねかんむり
かばねだれ

部──人の死体や人体の姿

■尺＝孔子は九尺六寸の大男

「一尺」という単位も、もうほとんど使われなくなってしまいました。三〇・三センチです。一寸が三・〇三センチ。

和裁や大工仕事などでは、まだこの「尺」や「寸」を使ったほうが、わかりやすいという人も多いのではないかと思います。

「孔子《こうし》の背は九尺六寸」といわれます。孔子（紀元前五五一～前四七九）の生きた春秋時代の一尺は二二・五センチとされます。じつに孔子は二メートルを超える大きな人だったのです。

さて、「尺」の字源には二つあります。

ひとつは、「尸」と「乙」を合わせてつくられた漢字という説です。「尸」は、古くは「コ」の下に「ノ」がついていたのが、最終的に「ノ」が上に伸びてくっついてしまいました。「コ」は、「亡くなって動かなくなった人が、背中を丸めている状態」を書いたものです。「ノ」は、「死体の足」です。「乙」は、「折目」を表し、亡くなった人を入れる棺桶《かんおけ》の大きさを計るための印だといわれています。それらを合わせて、「尺」は人の死体を横から見たものという意味です。

もうひとつは、「人差し指と親指を広げて」長さを測るときの、手の形をまねたものという説です。

ぼくは、後者のほうが妥当《だとう》ではないかと思っていますが。

子どもの頃、祖母に「尺取虫に背の高さを測られたら、死ぬんだよ」といわれたことがありました。きれいな緑色の、蝶の幼虫、尺取虫を見るたびに、着物姿の祖母のことを思い出します。

■尼 ＝ 二人の人の姿からできた字

この漢字を見ると、どうしても仏道に入って剃髪《ていはつ》した女性「尼さん（比丘尼《びくに》）」を思い浮かべます。ただ、この字は、仏教がまだ中国に伝来する以前に書かれた『論語』にも使われています。

というより、孔子の字《あざな》は「仲尼《ちゅうじ》」です。孔子は「尼さん」ではありません。「あざな」

とは、いまのあだ名みたいなもので、親しいあいだで呼び合うときの名前です。

それでは、「尼」とはどういう意味の漢字なのでしょうか。

「尸」は、「尺」で人の死体を横から見たものという説を紹介しましたが、必ずしも死んだ人という意味ではなく「人の姿」ということも表します。

そして「匕」は、「比」の右側だけを書いたものです。

「比」は「比較」という意味で「くらべる」と読みますが、これは同じような「人」を並べて書いて「二人を比べる」という意味でつくられたものなのです。

さて、このように見ると「尼」が「人」と「人」でつくられたものだということがわかると思います。そして、「背中を向けた人の後についていく人」という意味で「尼」という漢字がつくられたのでした。

ただ、孔子の字は、この漢字の意味からつけられたものではありません。「尼山《にさん》」という山の麓《ふもと》にあるところで生まれたから「仲尼」と呼ばれたのだといわれています。

知らなくてもいい漢字にチャレンジ

■**扉**（ヒ・ビ）＝両足に草履を履いて

パッと見ると「なんだ扉じゃないか」と思ってしまう変な漢字です。上の部分「戸」ではなく「尸」と書いてあります。

授業の「履修」などというときの「履」も、上の部分は「戸」ではなく「尸」となっています。

「扉」の字源について、『説文解字《せつもんかいじ》』は「扉は履に属するもの」と書いています。「扉」は履物《はきもの》のことで、江戸時代に日本人が履いていた草履《ぞうり》です。

「尸」はイラスト⑯のように、人の姿を横から見たところを描いたものが変化してできました。立ち上がった人を表しますが、同時に「履む《ふ》」ことも表します。

「非」は同じ形のものが左右に広がっていることから、「足」を示しているとされます。

ついでに「履」についても記しておきましょう。

「履」の「尸」は「人の姿」でした。「復」の「彳」は「行く」ということを表します。

「复」は上が「舟」で、下の「夂」は「足」です。

つまり、「舟」が舳先《へさき》で水を切って進むように、人が足で地面を踏んで先に進むという意味が「履」なのです。

⑯

■屆（ショウ・ソウ）＝人に続いて進んでいく

「挿」という漢字があります。旁《つくり》（右側）を見ると「屆」の「尸」の下に少し似ていると思いませんか？「｜」が突き抜けているか、いないかだけの差です。

じつは「臿」と「插」の右側は、同じ意味の漢字で形がちょっとだけ違う「異体字」と呼ばれるものなのです。

「臿」は、「臼」に「T」形の「杵《きね》」を挿し込んだところを書いたものです。

「人の姿（尺）」に「杵」のようなものを挿し込むとは、具体的にはどういうことを意味するのでしょうか。

「続く」ということを意味します。

「杵を挿し込む」行為はただ一回だけでなく、続けてくり返しおこなわれることにちがいありません。

ここから「(尸) 人」と「何度も続けて挿し込む」ことを意味する「臿」を合わせて、「人に続いて進んでいくこと」を表す漢字「屆」がつくられたのでした。

12 山

やま
やまへん
やまかんむり

部──高く、険しいさま

■岳 ＝ 御嶽と御岳、どう違う？

高校、大学と、山岳部にいて、六十歳を過ぎても一人で冬山登山をする友人がいます。日焼けと凍傷《とうしょう》で、顔は真っ赤というか真っ黒なのですが、年々会うたびに、その色に濃さと磨きがかかっています。

さて、その友人が「御嶽」と「御岳」とはどう違うのかと訊いてきました。両方とも「おんたけ」「みたけ」と読めます。

「嶽」は険しさが感じられる。「谷川岳《たにがわだけ》」も「谷川嶽」と書いてあったら、登山者ももっと用心するのではないかと思う。準備不足で滑落《かつらく》する登山者が後を絶えないのだ、というようなことをいうのです。

いわれてみると、「嶽」からは、「地獄」のような怖さが感じられます。

「嶽」の下部の「獄」から説明しましょう。この字には二つ「犬」がついています。「犭」

はもともとは「犬」という漢字でした。

「犬」のあいだに「言」がついて犬がワンワンと吠《ほ》え合っていることを表しています。「ワンワン」というとかわいい感じがするので、「ガミガミ」でしょうか。かたく刺々《とげとげ》しい言い争いをすることです。「獄《ごく》訟《しょう》」「獄吏《ごくり》」などと使われるのは、このためです。

それでは「岳」はどうでしょうか。こちらは「丘」と「山」でできています。

「丘」は、いまの漢字からは想像しにくいと思いますが、甲骨《こうこつ》文字にはイラスト⑰のように△が二つの「△△」で書かれています。山を二つ重ねて書いたもので、山の連なりを表しています。

また、「岳」は△が三つの「△△△」ということになります。「岳」は「山」が三重四重に連なっていることを表します。

やっぱり、ぼくの友人がいうように、「嶽」のほうが険しさを表しているような気がします。「剣岳《つるぎだけ》」「谷川岳」も、「剣嶽」「谷川嶽」とすると、登山者たちももっと登山に慎重《しんちょう》になるかもしれません。

⑰
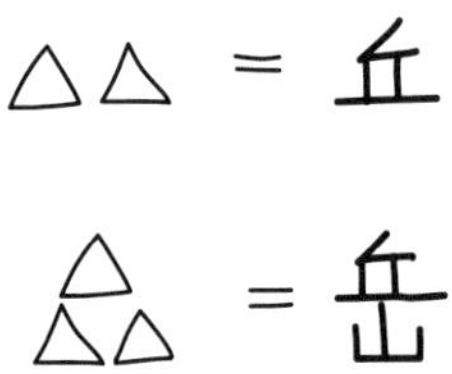

■岡＝高く盛り上がった台地

「岡」も「丘」も「おか」と読みます。「丘」は前項のように「△△」で、まわりより高くなっている「丘陵地帯（山の連なり）」を表しますが、それでは「岡」とはどういう場所をいうのでしょうか。

この漢字の形から想像することができます。

答えをいうと、上が平らになった「おか」です。「岳」は「△△△」なので、「嶽」ほどは険しくなくても、ある程度尖《とが》った形をしています。

これに対して、「岡」は、土地が盛り上がって台地になったところを表します。「土地が盛り上がっていること」を指しているのが「岡」の中にある「山」の部分です。

それでは、「山」の上に見える「䒑」は何でしょうか。

これは、古く甲骨文字では「××」と書かれ、「固いこと」を意味します。捩《よじ》って固めた綱の形を描いたものです。また、「冂」は大地の、地面の上が尖らず平らになっていることを表しています。

これからすれば、「岡」は、「平地に比べて盛り上がって固い台地となったところ」ということになるでしょう。

■嶼（ショ）＝島嶼研究という学問があります

「日本島嶼《とうしょ》学会」という研究会があります。また鹿児島大学には「国際島嶼教育研究センター」が設置されています。さまざまな「島」の環境、そこに生育する動植物の生態、また人々の暮らしなどを民俗学的な視点から研究するグループです。

ぼくが親しくしている先生は、オセアニアに浮かぶ小さな島々から成り立つ国ツバルの研究をしています。海抜が低いため、地球温暖化による海面上昇で水没の危機にあるという報道で知られているところです。

さて、「島嶼学会」の「島嶼」とは何でしょう。

「島」は、小学三年で習います。「嶋」という書き方もありますが、これは、海の中に「山」のように「△」に浮かんでいて、渡り「鳥」が住むところという意味でつくられた漢字です。

ただ、小笠原《おがさわら》諸島の中には、西之島《にしのしま》や西之島の新島《しんとう》などのように、火山活動によってつくられる島もあります。「島」といっても、渡り鳥が棲《す》むことができる環境になったものや、まだ溶岩だけでホカホカのものなどさまざまです。

「嶼」とは小さな「島」をいったものです。「與」は、「臼」と「八」がそれぞれ「手」を意味します。そして「八」は、「手で持ち上げている状態」を表します。

また真ん中にある「与」は、ギザギザしたものが絡《から》み合っていることです。溶岩がモコモコと絡み合うようにして持ち上がってできる「島」が「嶼」です。漢字をつくった人たちというのは、島のつくられ方にもいろいろあるのだということを観察していたのでしょう。

■巇（キ・ギ）＝見るからに危険な険しい山

『徒然草《つれづれぐさ》』（第十三段）に「ひとり燈《ともしび》のもとに文《ふみ》を広げて、見ぬ世の人を友とするぞ、こよなう慰《なぐさ》むわざなる。文は、文選《もんぜん》のあはれなる巻々《まきまき》、白氏文集《はくしのもんじゅう》、老子《ろうし》のことば、南華《なんか》の篇。この国の博士《はかせ》どもの書ける物も、いにしへのは、あはれなること多かり」と記されています。

鎌倉時代末期から南北朝にかけて歌人として生きた吉田兼好《よしだけんこう》（一二八三〜一三五二？）は、『文選』『白氏文集（白楽天の詩文集）』『老子』『荘子』などのいわゆる中国文学・哲学の本を、夜に独り、灯りの下で読みながら、心を慰めていたというのです。

さて、『文選』所収、後漢《ごかん》の張衡《ちょうこう》「南都賦《なんとふ》」に「嶔巇《きんぎ》屹嶀《こつげつ》」という句があります。見るからに険しそうですね。いずれの語も、山と山が屹立《きつりつ》して人が足を踏み入れるのに危険な状態だということを意味します。

「巇」は「険巇《けんぎ》」などの熟語でも使われます。これはギザギザとした山の姿、また高く険しく不安定なことを表します。こんな山に足を踏み入れるのも怖い感じがします。

13 巾 はば はばへん きんべん 部──布にまつわる物事

■市＝人が歩いてきて物を得るところ

「市」は、「屮」「冂」「乚」の三つが合わさってつくられた漢字です。「市」のどこにも、これらのパーツの断片を見ることはできなくなっています。

「屮」は「行く」を意味する「之」「止」の原形で、「人が歩いてくること」を表します。

「冂」は「囲い」で、「乚」は「及ぶ」の略体です。

これらを合わせせると、「人が歩いてやってきて、物に手を及ぼせる囲いのあるところ」ということになるでしょう。「物に手を及ぼせる」とは、「物を手に取る」「物を得る」ことです。

いわれてみるとそうか！　と思いますが、「市」の字源には、もうひとつの説がありまず。

それは「平」と「之」を合わせてつくったというものです。これだと、人々が物を持って集まり、「平衡《へいこう》」が採れたところで売り買いを「之（行《おこな》）う」場所だとされます。

■希 ＝ 糸を交差させて布を編む

近年の学生の名前には、「希」を使った名前がたくさんあります。男女どちらにも共通しています。男子だと「勇希」、女性だと「優希」などです。これらは、「勇敢であってほしい」「優しい人であってほしい」という願いを込めて、つけられた名前でしょう。

ある年、「夢希」と書いて「私、レマレっていう名前なんです」といわれたときは、びっくりしました。「フランス語で夢は『レーヴ』なので、その『レ』と、とても稀《まれ》な、夢のような子どもになってほしいと親が思ったそうです」と自己紹介していました。

さて、「希」という漢字は、「爻（交差するの意）」と「布」でつくられています（イラスト⑱）。

これは「布」をつくるのに、糸を交差させて編んでいくことを表します。しっかりと編まれた布には隙間がまったく見えません。ここから「微小で、少ない」という意味の「まれ」の意味で使われるようになりました。

⑱

また、「希」を「希望」のように「のぞむ」「ねがう」と読むのは、布のわずかな隙間を通して願いや望みを求めるという意味です。

「望」は、「人が伸び上がって立ち、月が出るのを臨んで待っている」ことを表します。こちらのほうは、どちらかといえば、いつかは叶《かな》う「のぞみ」でしょう。でも「希」のほうは、努力をしたりチャンスが恵まれて初めて叶う「のぞみ」といっていいのではないかと思います。

知らなくてもいい漢字にチャレンジ

■帉（フン・ブン）＝手拭いの知恵

日本の手拭《てぬぐ》いは、どうして短い部分が縫い込まれていないのかと、外国の方から質問があります。裁断したままで、きちんと縫製《ほうせい》されていないので、未完成品のような感じがしてイヤだという人もいます。

これこそ江戸の「知恵」なのですが、そのあたりはなかなか伝えることが難しいのかもしれません。

江戸時代、手拭いは顔や身体を洗ったり、日除《ひよ》け、埃《ほこり》除けのために頭から被ったり、洗った物を拭《ふ》いたり、ケガをしたら包帯の代わりに裂《さ》いて使ったりなど、さまざまな用途に使われました。しかし、使ったら洗わないといけませんし、すぐに乾くことも重要です。

両端が縫製されていると、その部分はなかなか乾燥しませんし、乾燥しないと黴菌《ばいきん》が巣くうことになります。

衛生上のことも考えて、手拭いの両端は「縫わない」ことになっているのです。

さて、「帉」は、「てぬぐい」を表す漢字です。

「分」は「刀」と「八」で書かれるように「刀で、八つ裂き」にすることを表します。

一反《たん》の反物（一二メートル前後）を八から十二に裁断すると、江戸時代の長さの単位で一幅《ひとの》（一尺一寸五分＝約三五センチ、あるいは反物の並幅＝約三六センチ）で、長さは三尺（約九〇センチ）になります。

もちろん、手拭いは端切れからつくることもできますが、ただ、「八つ」くらいに反物を「刀（鋏《はさみ》）」で「裂く」だけで、つくられていたのです。

中国でも古代には手拭いはあったようですが、宋代《そう》、だいたい一〇〇〇年以降は、使われなくなってしまったようです。

きちんと縫製することも大切かもしれませんが、「あえて縫製しない知恵」があったことも忘れてしまっては残念だなぁと思うのです。

■帨（ショウ）＝愁いを隠す頭巾

一九八〇年頃まで、人が亡くなると「ご愁傷様です《しゅうしょうさま》」という挨拶をしていましたが、この挨拶もだんだん消えてなくなってしまいつつあります。

試験に合格しなかったり、事業に失敗したときにも「残念だったね」という意味で「ご愁傷様」が使われるようになり、「人の死」を「試験の不合格」などと同列で考えることはおかしいという意識が生まれてきたためです。

「愁」は、「秋」と「心」でつくられています。秋になると、草や木がカラカラになって枯れて落ちはじめますが、「心」がそのような状態になってしまうことを表すのが「愁」なのです。

「愁」は「うれい」と訓読みされますが、「憂」とはまったく異なる「うれい」です。

「憂」心の中にモヤモヤしたものがいっぱいになってしまうことで、どちらかといえば湿っぽい感じがします。

「⿱秋巾」は、人が亡くなって、心がバサバサに枯れた状態になっていることを隠すためにかぶる頭巾《ずきん》をいうのだそうです。弔意《ちょうい》を表すために、髪を全部布で覆ったのだと宋代の字書『集韻《しゅういん》』に記されています。

14

幺

いとがしら
いとのうえ

部——糸の縒り合わせから広がるイメージ

■幼 ＝ 微かな力しかない子どもたち

「幺」は、「糸」の上の部分です。「幺」の下にある「小」は、すでに記したように「削りかすのような小さいこと」を表します。「糸」とは、「細い小さな繊維を縒《よ》り合わせたもの」を意味します。

「幺」も同じように、細かい糸の先端を縒り合わせた状態を書いたものです。「幺」は「幺さい《ちい》」、また「幺か《かす》」とも読みます。

同じような意味の漢字なら、「糸」か「幺」か、ひとつの部首にまとめてしまえばいいのにと思いますが、この二つは、漢字が増殖《ぞうしょく》していく過程で、それぞれ部首としての意味が、完全に異なるものになってしまいました。

「幺」は「微《かす》かであること」を、「糸」は「つながっていくこと」を意味する漢字の部首として使われます。

たとえば、「幽」「幾」は、それぞれ「かすかであること」、「ほとんどない」などの意味の漢字です。これに対して「紀」「絆」は、それぞれ「切れないように糸をつなぐこと」「糸をグルグルに巻いてつないでいくこと」を意味します。

さて、それでは「幼稚」などの熟語で使われる「幼」は、どのような意味の漢字なのでしょうか。「力がほとんどない」という意味です。

たとえば、幼稚園に通う子どもたちは、自分で生活「力」はありませんし、勉強する「力」、運動をする「力」にしても「微かな力」しかもっていない状態です。

「幼」は「おさない」と訓読みしますが、漢字の意味とすれば、あらゆる面での「無力な状態」を表すものなのです。

■幽 ＝ かすかで得体が知れない

漢字の成り立ちの法則のひとつに、「同じ漢字を二つ以上重ねると、その意味を強める」ということがあります。

「木」が二つあると「林」、さらに鬱蒼《うっそう》とすると「森」、「火」が二つあると「炎」、「火」がさらに燃え上がると「焱《えん》」などです。

「幽」の場合も「幺」が二つついて、「細かい糸の先のように微かにボワボワとしていること」を強調しています。それに「山」がついて「幽」という漢字がつくられていますが、この「山」は、木々が生い繁っている深い山で、道もなく、暗くてよくわからないところを表します。

「幽」も「幽か《かす》」と読み、今にも消えそうなさまを表す「幽し《かそけ》」という言葉もあります。

「幺」を二つ合わせると、現実の世界から見ると茫然《ぼうぜん》、漠然《ばくぜん》として得体《えたい》の知れない「幽霊」のような感じがするのが、この漢字の成り立ちからも感じられるのではないでしょうか。

■紗（ヨウ・ショウ・ビョウ・ミョウ）＝緻密ですぐれている

小学生が「糸」という字を書きながら別のことをしていて、「ハ」を書き忘れたのではないかと思うような字ですが、これが字書に載っている正式な字なのです。

「幺」は、小さく微かなもの。「少」は、すでに説明したように、「削ぎ取って小さくすること」です。

「幺」の下の「｜」は、糸を縒り合わせて、曲がらないように一本にしたことを表します。これで、「細かいところまで精《くわ》しく、緻密《ちみつ》である」という意味で「すぐれている」ということを表します。

また、「どんな小さなことにも反発するということ」、「急にはね返る」という意味でも使われています。

■氣（キツ・ゴチ）＝小さいもの＋湯気＝？

「幾」は、「いくつ」「いくばく」などと訓読されますが、数量が非常に少ないものを訊ねるときに使われる疑問詞です。

「何人？」と訊くと、その答えには、百万人でも五千万人でも、という予測も可能ですが、「幾人ですか？」と訊かれたらそれはおそらく、問いかけている人の頭の中には、せいぜい一人から九人くらいの予想になります。

それは、すでにふれましたが「幾」に「幺」が二つついていることからも予想できます。「幺」が二つあると、非常に細かくなっているものを指すからです。

それに、マサカリのような「戈《ほこ》」がついてできたのが「幾」なので、切り刻んで細かくした小さなものだということを意味します。

「𣱼」は、この「幾」に「气」がついてできています。

「气」は、「気（旧字体は「氣」）の外側だけの漢字です。

「氣」はお米を蒸かしているときに出る水蒸気を書いたものですが、「气」は「お米」でなくてもなんでも、フワフワと曲がりながら出ている水蒸気、湯気を描いた象形文字です（イラスト⑲）。

それでは、「切り刻んで小さくしたもの」と「湯気」を合わせると、どういう意味になるでしょうか。

食べ物を蒸かしているような意味になるのかと想像した

⑲

りもしないではありませんが、答えは「あぶない」という意味になります。

どういう意味の「あぶない」かというと、とらえどころのない危うさです。細かい砂を摑《つか》んでも数えることはできません。湯気も同じように手でとらえることはできません。このような不確実なものに対する「危うさ」をいうのです。

15

广

まだれ

部――屋根のあるところ

■床 ＝ 屋根の下に置かれたベッド

「理髪店」のことを「床屋」と呼ぶことを、ぼくはずっと不思議に思っていました。調べればすぐにわかることなのですが、「床屋」とは「床店《とこみせ》で商売をしていること」という意味なのです。

「床店」には二つの意味があります。

ひとつは、屋台のように移動できる店です。

それからもうひとつ。店はあるのですが、その店には居住スペースがないところ。つまり、商売をするだけの場所をいうものです。

「髪結床《かみゆいどこ》」は、室町時代末期から発達したといわれますが、戦乱の時代、彼らは、武将たちの髪の毛を抜いて月代《さかやき》をつくったり髷《まげ》を結う商売を、移動しながらやっていたのでした。屋台のような移動できる店です。

しかし、江戸時代も後期から末期になると、整髪をするための店を借りて、自宅から通ってくるようになります。

「髪結床」の「床《とこ》」の部分だけに略されて、一八〇〇年頃から「床屋」と呼ばれるようになったといわれています。

さて、それでは「床」とは、もともと何を意味する漢字なのでしょうか。

この漢字は、古くは「牀」と書かれていました。病院のベッドのことを「病床」と書きますが「病牀」と書く場合もあります。「爿」は反時計回りに九〇度動かすと、イラスト⑳のようになります。「足がついた木製のベッド」です。

⑳

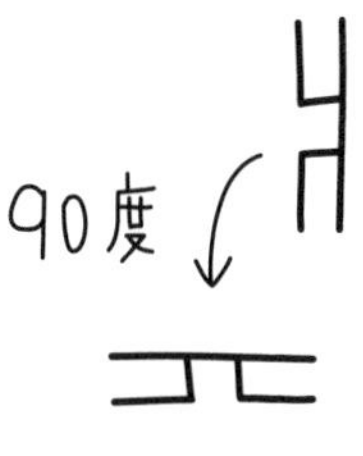

木製の独り用ベッドであれば、外で使うこともできれば、屋根のあるところに運んで使うことも可能です。

「广」は、屋根のあるところを意味する部首ですが、このベッドを、屋根のあるところで使うと「床」という漢字ができるのです。

「床屋」の「床」も、初めは屋台だったのが後で「屋根のある店」を構えるようになったものだと思うと、もともとは「髪結牀」とも書いていたのかもしれません。こういうふうに書かれたものを見つけることはできませんが。

■店 ＝ 土地の神様に許可してもらう

「占」という漢字は「うらな（い）」と読みます。占星術やタロット占いなど、人の運命を「うらなう」ことです。

でも、どうして「店」に「占」という漢字がついているのでしょうか。どうして、「独占」「占領」「占拠」など、「ひとりじめする」ような意味で使われるのでしょうか。

「店」に「占」がついているのは、理由があります。

それは、もともと「占い」をすることで、場所を「自分のものだと占有すること」ができたからです。

土地の神様というのは、古代にさかのぼればさかのぼるほど、非常に強い影響力をもったものだということを知ることができますが、「占い」によってその土地の神様にお伺いを立てて、その場所を占有することができるかどうかを決めたのです。

その場所の占有が許されてから、屋根のある建物を建てると「店」という漢字ができます。

商売をする場所という意味で使われるようになったのは、「店舗」などという言葉ができた前漢《ぜんかん》中頃（紀元前一〇〇年頃）からだったのではないかと考えられます。

知らなくてもいい漢字にチャレンジ

■廮（エイ・ヨウ）＝中国のウメが日本のサクラに？

「桜」の旧字体は「櫻」と書きます。どうして「木」なのに、「貝」とか「女」という漢字がついているのでしょうか？

中国には、ソメイヨシノなどの桜の木がありません。

もともと中国では、「櫻」は「ユスラウメ」という木を指す漢字でした。ユスラウメの花は枝にいっぱい、桜貝の貝殻《かいがら》をちりばめたような花をつけます。

「貝」は、古代中国のみならず世界各国で、女性の首飾りとして使われてきました。まるで女性が首飾りをしているように咲くユスラウメの花、それが「櫻」だったのです。それではなぜ、日本ではヤマザクラやソメイヨシノなどが「櫻」と書かれるようになったのでしょうか。

それは、ユスラウメの花とヤマザクラの花がよく似ていたからです。

さて、それでは「廮」とは何を意味する漢字なのでしょう。

これは、「おちつく」という意味だと『説文解字』には書いてあります。漢文では「安正也」と書かれています。

どういう意味での「おちつく」なのかといえば、女性が貝の首飾りをして、家の中でゆっくりくつろいでいるという意味です。

「广」と「宀」は、どちらも屋根のあるところを表しますが、「广」のほうは、横穴式の洞窟《どうくつ》を住まいとして、入り口を布などで覆っていることを表します。

江戸時代の絵や版画などを見てもわかりますが、当時の「店」は、簡単な葦簀《よしず》張りで出入り口に大きな暖簾《のれん》などを下げています。

それにしても「廮」は、貝の首飾りといい洞窟といい、なんとなく原始時代を思わせるような漢字だなぁと思わずにはいられません。

16

廴

えんにょう
いんにょう

部――長く伸びていく

■建 ＝まっすぐにどんどん伸びていく

日本の神話に登場する「ヤマトタケルノミコト」は、『古事記』には「倭建命」、『日本書紀』には「日本武尊」と書かれています。九州にいた熊襲《くまそ》や東国の異民族を討伐《とうばつ》したという事蹟《じせき》が書かれています。

さて、「建設」「建築」などの熟語でも使われる「建」という漢字は、「聿」と「廴」でつくられています。

「聿」は、「筆」の古い書き方です。いまでもそうですが、書道の「筆」は、竹筒を使ってつくられます。ここからのちに漢字が整理される段階で「竹冠」がつけられました。

筆は、鉛筆のように斜めに持つものではなく、しっかりと筆写するため、竹簡《ちっかん》や紙などに垂直になるように持って使います。ここから「まっすぐである」「しっかりしている」ということを意味するようになります。

また「廴」は、「彳」が変化してつくられた漢字ですが、「彳」が「いく、進む」ことを表すのに対して、「どんどん進むこと」「どんどん伸びていくこと」を表します。

「まっすぐにしっかりと（「聿」）」「どんどん進み、伸びていく（「廴」）」ことを表すのが「建」という漢字のもともとの意味なのです。

「ヤマトタケルノミコト」の「タケル」とは、ヤマト政権がしっかりと足固めをして、日本列島各地に進出していった英雄を漢字一字で表して「建」と書いたものなのでしょう。

■誕 ＝ 赤ちゃんが生まれたとはっきりする日

夏目《なつめ》漱石《そうせき》（一八六七〜一九一六）は、自分の誕生日に、家族や友人から「ハッピーバースデー・トゥー・ユー」という歌を歌ってもらったことがあったと思いますか？

記録には残っていませんが、歌ってもらった可能性はゼロです。まず、この曲が一九二四年にアメリカでつくられたことがその理由です。漱石は、一九一六年に四十九歳で亡くなっています。

二つめの理由は、当時の人たちは、毎年正月一日がくるといっせいにみんなで「年」を重ねていました。個別の「誕生日」に対しての意識がありませんでした。

とくに、漱石のように江戸幕末、慶応三年に生まれた人たちは、太陰暦《たいいんれき》で生活していました。いまのヨーロッパ式カレンダーが採用されるのは明治六（一八七三）年からです。太陰暦から太陽暦に変わってしまうと、本当に自分の誕生日がいつなのか、よくわからないというのが実情だったのです。

さて、「誕生日」の「誕」とはどういう意味なのでしょうか。「言」に「延」なので、まず「延」から解読してみましょう。「廴」は「どんどん進み、伸びていくこと」でした。それでは「ノ」に「止」と書いた右の部分は何でしょう。「止」は「足が止まっていること」を表し、「ノ」は「その状態が長くつづくこと」を表します。つまり、「延」とは、長いこと止まった状態にあることを意味するのです。

これに「きちんといい表す」の意味である「言」がつくと「ずっと引き延ばされていたことが終わって、はっきりする」ということになります。

赤ちゃんはお母さんのお腹の中に十月十日いるといわれますが、古代の人々にとって、母親の胎内《たいない》に子どもを宿すというのは、子どもがお腹に長いあいだとどまった状態というような感じだったのではないでしょうか。

また、子どもが生まれてくることは、お腹にいた子どもの姿を、「赤ちゃんが生まれてきたよ！」と、はっきりといい表すことができるようなものだったのではないかと思います。

毎年、誕生日がくるのは楽しみですが、本当に誕生日をうれしく思うのは、自分を産んでくれたお母さんなのかもしれないなぁと、この漢字を見ていると思うのです。

知らなくてもいい漢字にチャレンジ

■㢟（テン）＝ゆっくりゆっくり、するすると

前項で「延」を解説しましたが、「㢟」は、この字の「ノ」がないものです。

前項の解字によれば「止まったまま」ということになるでしょう。ただ、『説文解字』には、「安歩㢟㢟也」と説明されています。安歩はゆっくり、㢟㢟は「そろりそろり」という意味です。能楽師が歩くような歩き方をいうのだと思われます。踵《かかと》をつけて、爪先だけ上げて、ほとんど動かないように見えるのに、ゆっくりゆっくり、するすると歩くすり足のような歩き方です。

「㢟」と「延」、小さな「ノ」の有無で、意味が少しだけ変わってしまいます。

■䩥（タン）＝意味が失われてしまった漢字

金《きん》王朝の一二〇八年につくられた字書『五音篇海《ごおんへんかい》』に引用された字書『捜真玉鏡《そうしんぎょくきょう》』という本に載っているとされる字です。

いまとなっては『捜真玉鏡』は失われて、どういうものだったのかまったくわかりません。ただ、「捜真」などと書かれているので、道教の道士などがつくった字書なのではないでしょうか。

はたして、この「[illegible]」という字も、音は「タン」だと書いてありますが、意味はまったくわかりません。『大漢和辞典』にも「義未詳（意味不明）」と記されています。

じつは、漢字には、「義未詳」「義不詳」、「音不詳（読み方不明）」、「音義未詳」などというものがたくさんあるのです（イラスト㉑）。

全十五巻の『大漢和辞典』には五万字の親字が掲載されていますが、甲骨文字、金文などを加えると十万字の漢字があるといわれています。その六割がまだ解読されていません。

道士の人たちがつくり出した漢字、こうしたものは解読しようとしてもまったくわからないのかもしれませんね。

㉑

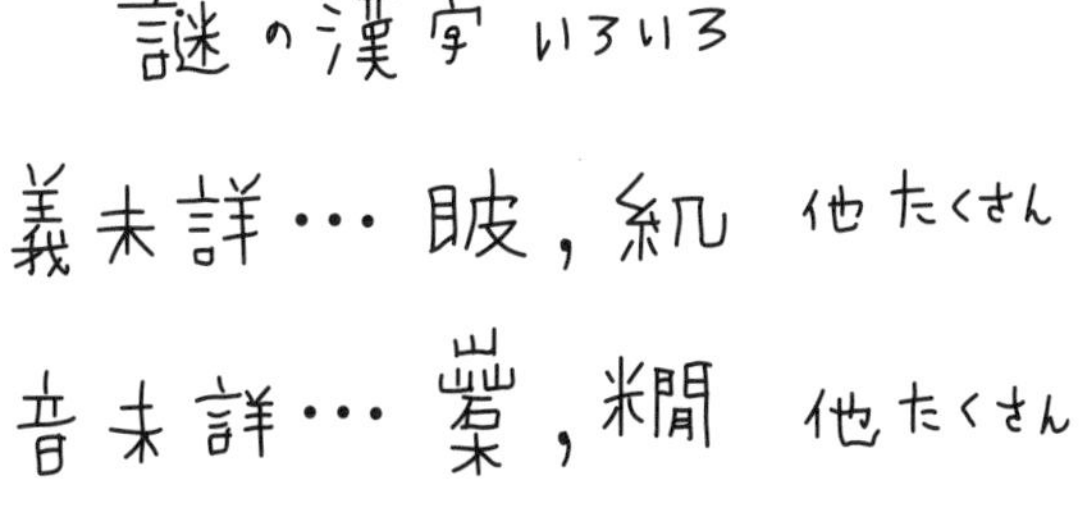

17

廾

にじゅう
にじゅうあし
こまぬき

部――両手で何かをする

■弄＝足ではなく手だった

「廾」の部首の日本語読みをご存じでしょうか。「にじゅうあし」と読みます。なるほど、「弁」「弄」など見ると、数字の「二十」を表す「廿」に似た形で「足」になっていますから「にじゅうあし」と呼ぶことに納得してしまいそうですが、騙《だま》されてはいけません。

「にじゅう足」といいながら、じつはこれ、「手」を二つ描いたものなのです（イラスト㉒）。だから、本当は「二重手」というべきものなのかもしれません。

さて、「弄」という漢字の上部には「王」と書かれていますが、これもまたじつは「王」ではなくて、もともとは「玉」という字でした。

「玉《ぎょく》」は、漢族がダイヤモンドや金より大事にする「石」です。「魂《たましい》」が宿る「宝石」といったほうがいいと思いますが、原始時代から彼らが大切にしてきたものです。大きさは掌《てのひら》に載る小さなものから、腰にぶら下げる直径二〇センチほどのもの、家の飾りに使う巨大なものまでいろいろです。

こうしたもののうち、ちょうど二つの手の中に入れていいくらいのサイズの「玉」を、両手でクルクル回したりすることを描いたのが、「弄」という漢字です。

「弄口《ろうこう》」は、「まるで玉を弄ぶように、口先からでまかせをいって、相手を納得させる」という熟語です。

また「弄筆《ろうひつ》」は、「事実とは異なることを、適当にでっち上げて書く」という意味など、「弄」という漢字は、あまりいい意味では使われません。

■奕（エキ・ヤク）＝古代、囲碁は博奕だった

紀元前の戦国時代から使われている「博奕《ばくち》」の語源は、わかっていません。おそらく、もともと賭け事をする人たちの隠語の発音に合う漢字を当てたものだろうといわれています。当て字なので、漢字を解読してもまったく無駄ということになるでしょう。

ただ、「博奕」と書く場合の「奕」は、解読が可能です。

「奕」は、古くは「亦」の下に「廾」が書かれていました。

「廾」は、「弄」と同じく「両手」を表します。

㉒

それでは、「亦」は何を意味するものでしょうか。

これは、人が両手をぶら下げて立ったときにできる「両脇の隙間」を「ハ」のてんてん印で表したものです。ここから、「等間隔にものを並べること」という意味が生まれてきます。

「弈」は、両手で等間隔に石を並べることで、「囲碁《いご》」を意味します。囲碁は、すでに紀元前七〇〇年頃にはゲームとしてあったことが知られています。

じつは、古くは「囲碁」で賭けることを「博奕」といったのです。

知らなくてもいい漢字にチャレンジ

■弆（キョ・コ）＝大事に隠し持って楽しむ

紀元後二五年から二二〇年まであった後漢《ごかん》王朝は、『三国志』が大好きな人たちにとってもとても重要な王朝ですが、漢字の歴史、ひいては古典解釈の歴史にとっても、非常に重要な書物がつくられた時代でした。後漢の真ん中、一〇〇年頃に、紙が普及し、『説文解字』が書かれたりしたことなどは特筆すべきことだろうと思います。

さて、後漢の末にいた学者、服虔《ふくけん》が書いた字書に『通俗文』というものがあります。いまはもう失われて読むことができませんが、唐代七世紀半ば頃に編纂《へんさん》された玄応《げんのう》の『一切《いっさい》経音義《ぎょうおんぎ》』には『通俗文』が多く引用されています。

それによると「弆」は、後漢の時代、「密蔵」という意味で使われていたということがわかります。「密蔵」、つまり「人にわからないように隠して所蔵すること」です。「弆」に「去」と書いてあることが、すなわち「人にわからないように隠す」ことを意味し、そうして大事に隠し持って所蔵して楽しむことを、「廾」の部分が表しているのでしょう。

日本でも同じですが、中国でもそれぞれの時代に流行ったり使われたりする言葉、漢字があります。古典を読むときには、やはりその古典が書かれたときに使われていた字書などを手許に置いておくことが大切になります。字書（辞書）の復元というのは、とても大事な仕事だと思います。

■弈（イ）＝盛んな草木

「ハクション！」とくしゃみをしますが、夏目漱石はこの「くしゃみ」を音に合わせて「苦沙弥」と書いています。漱石は自身の顔が「犬の狆《ちん》がくしゃみをしているようだ」という意味で「珍野苦沙弥」と名づけて、『吾輩《わがはい》は猫である』の猫の主人として登場させています。

さて、くしゃみは漢字一字では「嚔」と書きます。「口」をブワッーっと開いて「ハクション」とするから「口」がついているのは当然でしょう。

それでは右側の「疐」は、どのような意味の漢字なのでしょうか。

これは「つまずく」「倒れる」ことを表します。「つまずくような重しが、上からのしかかってきて、倒れたり、つまずいたりすること」です。いわれてみれば、急に重い空気が鼻の中にたまって、口から「ハクション」とするような気もしてきます。

さて、この「くしゃみを出す」ように「両手で押し上げていくこと」を表すのが「卉」です。

『説文解字』には「草木が、盛んに生い茂ること」と記されています。草木が盛んであるということなら、くさかんむりでもつければいいのにと思いますが、いまのところ、くさかんむりがついた「卉」は見つかりません。

くさかんむりに「卉」という漢字を登録商標にしてみてはいかがでしょうか。

18 弓

ゆみ
ゆみへん

部——弓と弓に似たもの

■弔＝天の神が降臨する姿

「弔問《ちょうもん》」「弔文《ちょうぶん》」など、人が亡くなったときにしか使わない漢字です。

それにしても、「弓」に「｜」で、どうして「弔《とむら》う」など、亡くなった人に対するお悔《く》やみを述べるという意味になるのでしょうか。

じつは、「弓」と書いてありますが、武器としての「弓」を表すものではありません。

これは天の神が、地上に降りてくるための依《よ》り代《しろ》である「｜」をつたって降臨しているところを描いたものだとされています。

蛇のように、クルクルと棒をつたって降りてくるのです（イラスト㉓）。

ということで、「弔」には、もともと「死者を弔

㉓

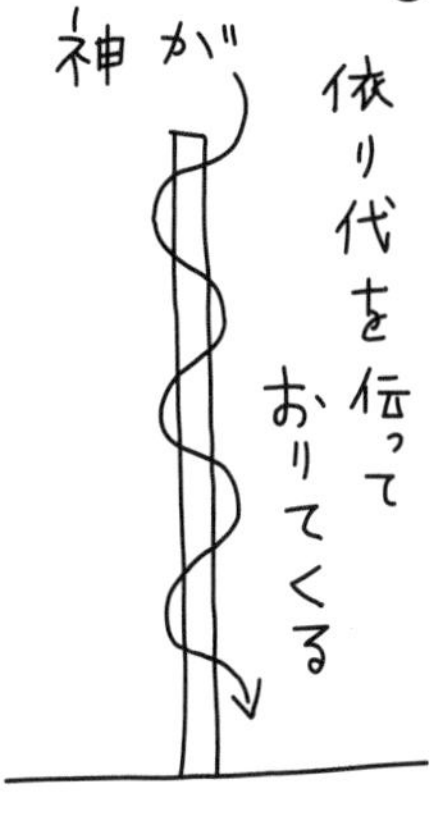

う」という意味の漢字ではありませんでした。苦しみを抱く人々に、天があわれみや恩恵を与えてくれるという意味だったのです。

そう考えると、「弔問」「弔文」も、ただ「哀しい」ということをいっているのではないことがわかるのではないでしょうか。

「弔問」「弔文」とは、家族や親戚など、肉親を亡くし、哀しんでいる人たちに対して送る慰《なぐさ》めの問いかけや「本当にどうして死んだんだ！」というお悔やみの文章をいうものなのです。

■弗（フツ）＝切り分けすぎてダメにしてしまう

『論語』にもときどき出てきます。「子曰く、君子博《ひろ》く文を学び、之《これ》を約するに礼を以《もっ》てすれば、亦《ま》た以て畔《そむ》か弗《ざ》る可《べ》し」（顔淵《がんえん》篇）。初代内閣総理大臣になった伊藤博文《いとうひろぶみ》（一八四一～一九〇九）の諱《いみな》の出典だといわれます。

伊藤博文は、法律・経済・国際情勢など博い学問をし（博く文を学び）、それを凝縮《ぎょうしゅく》させるように、日本の近代社会の基本となる大日本帝国憲法をつくった（「約」と「礼」）人でした。こうして、日本という国がバラバラにならないよう（「畔」）にしたのでした。

「約」は、古代から伝わっている教えなどを凝縮して、灼然《しゃくぜん》と明らかにするということを意味します。

「礼」は、人と人との関係を円滑にするための決まり事です。

また、「畔」は田圃《たんぼ》のように大きく広がったものを、半分に、またその半分に、と切り裂いてバラバラにしていくことをいいます。

さて、『論語』の「弗」は「不」と書かれていてもいいのですが、「弗」と書かれると、古代の雰囲気を感じます。孔子が編纂したといわれる『尚書《しょうしょ》』(『書経』とも)には否定の「不」はあまり使われず「弗」が多く使われているからかもしれません。

ところで、「弓」は、「弔」と同じく、「天の神が地上に降りてくること」を表します。

それでは「||」は何でしょう。

これはもともと「八」と書かれたものなのです。

「半」の旧字体も、上の部分が「八」と書かれていました。「畔」の旧字体も同じです。二つに、四つに、八つにと、どんどん切り「分」けることが「八」のもともとの意味でした。

「弗」とは、本来ひとつであったものを、どんどん小さくしてダメにしてしまうことをいうものなのです。

伊藤博文は暗殺されてしまいますが、近代国家日本を創るために、人々の心をひとつにしようと心を尽くした人だったことは忘れてはならないのではないかと思います。

知らなくてもいい漢字にチャレンジ

■彌（ハン・ボン・イク・シュク）＝力が充ち満ちている

大正十三（一九二四）年五月から昭和四（一九二九）年十月まで東北大学で哲学を教えたドイツ人、オイゲン・ヘリゲルの名著『日本の弓術（別訳題名『弓と禅』）』をご存じの方も少なくないと思います。

弓術家・阿波《あわ》研造《けんぞう》から弓の指導を受け、禅の「無心」を体得した経験を書いたものです。読むと、あらゆる修行は何を求めておこなうのかなど、心に大きな芯《しん》を入れられたような思いになるのではないかと思います。

さて、「彌」には「弓」が二つ書かれています。

「弓」は、「弓」を丸く大きく張った形を描いた象形文字で、グッと力を込めて大きく張ることを意味します。力が漲《みなぎ》っていることです。「彌」には、「弓」が二つ書いてあるので、その力が左右に大きく力強く開いていることを意味します。

それでは、真ん中の「番」は何でしょう。

上の部分の「釆」は、種まきをするのに、植物の種を四方八方にばらまくことを描いたものです。どこにまくのかというと、広い「田（田んぼや畑）」です。「番」は、宋代の字書『集韻《しゅういん》』に「生育也」と書かれています。これは、生長する力が四方八方に大きく充ち満ちて漲っていることを表しています。

「弓」などの修行で、「無心」になることを体得すれば、あるいは本当の意味での「心の生長」を得ることができるのかもしれません。

19 彳 ぎょうにんべん 部――行く・進む・おこなう

■征 ＝遠方の目標に向かってまっすぐ進む

「ラッパのマーク」といえば「正露丸《せいろがん》」です。宣伝するわけではありませんが、子どもの頃から「お腹が痛くなったら正露丸」といわれて育ったせいか、海外へ行くときには、必ず「正露丸」はスーツケースに入っています。

ところで、「正露丸」は、戦前「征露丸」と書いたことをご存じでしょうか。「ロシア」を「征伐《せいばつ》」するための「丸薬《がんやく》」という意味です。

大阪の中島佐一薬房が、クレオソートと呼ばれるフェノール類化合物を使った胃腸薬「忠勇征露丸」の登録商標で売薬免許を取得したのが明治三十五（一九〇二）年です。ちょうど、日露戦争の二年前に当たります。この時期、ロシアは中国東北部から朝鮮半島へとどんどん南下をはじめ、日本を脅威《きょうい》にさらしはじめていました。

大日本帝国陸軍軍医学校の戸塚機知、白岩六郎の研究でクレオソートが整腸剤、虫歯などの鎮痛剤として効果があることが認められ、明治三十七（一九〇四）年にはじまる日露戦争で、陸軍兵士の腹痛、下痢《げり》、鎮痛剤として使われたのでした。

日露戦争に勝った陰の功績のひとつに、「征露丸」があったのです。

ところで「征」は、「征服」「征伐」などちょっと怖い意味で使われる漢字ですが、もともとは「遠方の、目標とする到達点まで、まっすぐに足を進める」ことを意味するものでした。

「彳」が「足を進めること」、「正」は一画目の「一」が「遠いところにある目標である到達点」、「止」は「足で行くこと」を表します。

日露戦争勝利とともに、「征露丸」は「ロシアを倒した万能薬」として、広く日本中の常備薬になったといわれています。

■徳 ＝ 相手を思いやる行為をおこなう

最近、めっきり「徳」という言葉を聞きません。「徳を積むんだよ」という教えは、もう失われてしまったのでしょうか。

「徳」は、旧字体では「德」「悳」「惪」と書かれていました。このうちいちばん古い字体は「悳」です。どのような意味なのでしょうか。

「目」を「十字」の照準に合わせ、「乚」（水平、垂直）」をしっかり定める「心」です。何をいっているかというと、心眼を開いて相手の気持ちの真髄《しんずい》をくみ取ることです。

「徳」は、それに「足を進める」、つまり「おこなう」という意味の「彳」がついて、「相手の気持ちのいちばん大切なところを知って、それを思いやることをおこなうこと」の意味になります。

「徳を積む」とは、こうしたことをずっと何度もやっていくことですが、そうすることによって何が起こるのでしょう。

もちろん、それは「人望を集めること」になります。「人望」とは「人が尊敬や信頼や期待の気持ちを寄せること」また「人々が慕《した》い仰ぐこと」をいいますが、とくに「自分のことをわかってくれる人」という「信頼」を得ることです。

「信頼」ほど、生きていくうえで大切なものはありません。はたして、人の心をくみ取るということは、人の立場になって考えるということで、(「7 子部」の「孤」のところでふれた)「仁」という他人への愛情にもつながっていきます。

「徳を積むんだよ」ということをいわなくなってしまったら、人は何を頼りに生きていけばいいのか、迷ってしまうのではないかと思うのです。

そういえば、「クレジットカード」の「クレジット」は、「信用」という意味でした。

知らなくてもいい漢字にチャレンジ

■澀(ソウ・シュウ)＝しがらみがあって行けない

「渋谷」は、旧字体では「澁谷」と書かれていましたが、その前は「澀谷」と書かれていました。「澀」↓「澁」↓「渋」とどんどん簡単になりました。「渋」は日本でつくられた俗字です。

画数が格段に減って、書くのはずいぶん楽になりましたが、簡単になった代わりに本来、この漢字がもっていた意味、ひいては「渋谷」という土地がもっていた本来の意味は失われてしまいました。

「澀」は、「水」に「刃の旧字体」が二つ、「止」が二つでできています。

これは、ひと言でいえば「柵《しがらみ》」です。谷間に川が流れていて、そこにイラスト㉔のような柵がつくってあったのでしょう。

さて、「⿰彳歰」も「彳」の右側は「澀」と同じです。

「彳」は「足を進めていくことです」それを「柵」で止めてしまうのですから、「行けない」という意味になります。

ただ、もうひとつ、「柵」は枯れ葉や石などをストップさせる役割をしますが、その隙間から流れ出す水はとっても速くなります。

「⿰彳歰」にはもうひとつ、「速く歩くこと」「みんなでいっせいに行くこと」という意味もあります。

■⿰彳襄（ショウ・ソウ・ジョウ・ニョウ）＝同じ意味のもうひとつの漢字

「⿰彳歰」とまったく同じ意味をもった漢字が「⿰彳襄」です。

㉔

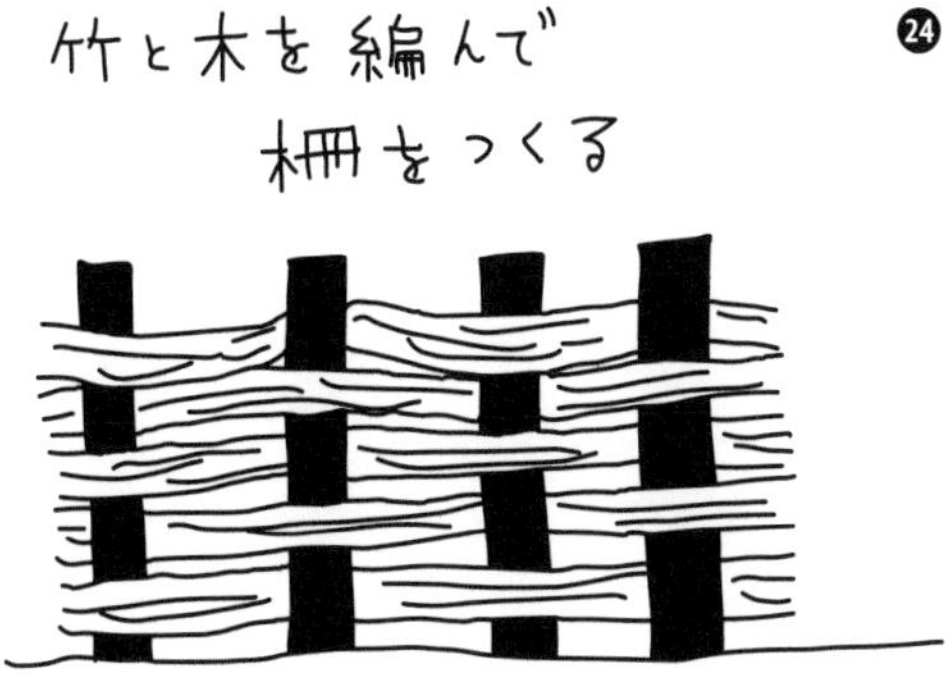

「嚢」は「中にいろいろなものを入れて混ぜ込む」「中に割り込む」ことを表す漢字です。「柵」の中に「泥、石、枯れ葉など、さまざまなものが混ぜ込まれている」というのと同じことを「嚢」は表します。

したがって、「行けない」と「速く歩くこと」「みんなでいっせいに行くこと」の二つの意味が、この漢字にもあるのです。

20

心（忄）

こころ
したごころ
りっしんべん

部――心や感情にまつわるもの

■忠 ＝ 相手の心に寄り添う

「『仁義礼智忠信孝悌《じんぎれいちちゅうしんこうてい》』というと、『南総里見八犬伝《なんそうさとみはっけんでん》』ですよね」と、入学した大学一年生にいうと、「何ですか、それ？」といわれてしまいました。

『南総里見八犬伝』は、曲亭馬琴《きょくていばきん》（一七六七～一八四八）が二十八年の歳月をかけて書いた長編伝奇小説です。小中学生向けに現代語訳されたものもありますが、残念ながらそれでは原作のおもしろさは、ほとんど伝わってきません。

全九十八巻、百六冊。初めは難しいと思うかもしれませんが、慣れてしまえば漫画を読むように、どんどん引き込まれて止められなくなってしまいます。

さて、「忠」は江戸時代、封建制度下での主君への「忠義」など非常に固くて強いイメージを起こさせますが、じつは漢字が創られた当初はそんな意味をもつものではありませんでした。

「忠」は、「心を中《あ》てること」です。

「中」は、弓で矢を放ち、的《まと》の真ん中に当てることを描いた象形文字です。これに、それを心眼でおこなうことを意味する「心」がついて、自分の心を、相手の心の真ん中にピタリと寄り添わせることを意味します（イラスト㉕）。

「忠」は、別の言葉に置き換えれば「真心」ということになるでしょう。

馬琴は、失明しながら『南総里見八犬伝』を完結させて、八十一歳で亡くなります。

ワクワクしながら読み進めていると、行間から馬琴の「忠」がウワッと噴き出しているところなどにめぐり合い、

㉕

ハッとさせられてしまうのです。

■急　＝　追って、追われる心

コンピュータは人の仕事を減らしてくれる道具だと思っていました。とんでもありませんね。

ぼくは昭和六十（一九八五）年にオムロンから発売されていたワープロを、翌年にNECのパソコン９８０１を、またその翌年にはアップルのＳＥ30をと、仕事を楽にしようと思って毎年のように買い替えてきましたが、忙しさは増すばかりです。家には歴代のパソコンがずらりと並んでいます。

さて、「急」は、三つのパーツでできています。

下から「心」、「彐」の真ん中の横線が突き抜けたもの（旧字体）、そしてその上の部分です。

この上の部分は、「人」という漢字が変化したもの、真ん中の部分は「又」の変形で「手」を表します。

この二つが合わさって、「前に行く人を、後ろからきた人が手を伸ばして摑む」様子を表します。いい換えれば、「逃げる人を追って捕まえること」です。

それに「心」がついて、「追うように、また追われるように、心が急《せ》く」状態を表すのです。

〆切があるから急いで仕事をする、そのためにCPUのスペックが高いパソコンを買う。こうやって世の中は、どんどん進化しているのでしょうが、もう少しゆっくり、自然を楽しんだりすることも必要なのかなぁと思うのです。

ちなみに「忙」は、「心」と、「人が亡くなる」というときに使う「亡」で書かれています。「亡」は、「人が囲いの中に隠れて姿が見えなくなったこと」を表しますので、それに「心」をつけて「たくさんのことに心を奪《うば》われて、自分を見失ってしまう」ということを意味します。

ついでですが、「忘」も、同じく「心」と「亡」でつくられています。

これは、「心が隠れてしまって、何があったのか、だれだったのか、記憶が失われてしまう」ことをいいます。

同じ部品を使った漢字でも、配置によって微妙に意味を変えるようなこともあるのです。

■忕（タイ・セツ・セイ・エイ）＝大のパーツからわかる意味

この漢字には、三つの意味があります。「習う」「こまかに見る」「奢《おご》り高ぶる」の三つです。

さて、この漢字の右側にある「大」とは何でしょう。これがこの漢字を解く鍵となります。

まず「奢」という意味に着目しましょう。「大きな者」と書かれています。「尊大な人」「自分の才能・家柄・地位などを得意にして、それをたのみとして大きな態度をする人」です。そうであれば、「忕」が「心が尊大で、奢り高ぶっている」という意味になるのもわかります。

それでは「こまかに見る」という意味は「大」という漢字にあるのでしょうか。

あります。漢文であれば「はなはだ」という読みで「こまかに見る」という意味を使います。たとえば「大辱《たいじょく》」という熟語がありますが、これは「非常なはずかしめ」ということで「ひとつひとつのことを悔《く》いてどうしようもなくなること」、また「処刑して、身体が白骨化して非常に細かな白い粉になるまでさらすこと」を意味します。「こまかいところまで見る」という意味にも共通するところがあるといってよいでしょう。

「習う」はどうでしょうか。

「大」は、人が両手を横に伸ばして、足を広げて立っているところを、線で摸倣《もほう》して描いた象形文字です。この「摸倣」ということとも関係しますが、「大同」という熟語は「だいたいにおいて同じこと」を意味します。「習う」というのは、先生から教わったことを「摸倣」して「だいたいにおいて同じようにすること」です。

そうしてみれば、「怢」に三つの意味があることもわかります。

「大」にどのような意味があるのかを熟語と一緒に考えてみると、「大」の意味もわかるのではないでしょうか。

参

21 戈部——武器や戦争にルーツがあるもの

ほこづくり
ほこがまえ
かのほこ

■戎＝敵をひっかいて捕まえ斬る

よく似ていて区別がつきにくい漢字があります。「戉」「戊」「戎」「戌」です。よく似ていますね。文章の中で、これら四つが並んで使われるということは決してありませんから、さほど心配することはありませんが、

「戌」が「戊」と「戉」で「戎」を「戍」る

という文章があったら、読めるでしょうか？

これは「いぬ」が「ほこ」と「まさかり」で「なんじ」を「まも」る、と読みます。

さて、この四つの漢字に共通しているのは「戈」という部首です。

「戈」は、両刃のある刀に直角に長い柄をつけて、敵をひっかいて捕まえ斬《き》る武器で、漢

字からもなんとなくそうした武器の形が想像できるのではないかと思います。

それでは、「戎」とは何でしょうか。

「十」に似ている部分は、鎧《よろい》を意味する「甲」が簡略化されたもので、さまざまな武器をまとめて表しているといわれます。

ついでなので「戉」「戊」「戌」にもふれておきましょう(イラスト㉖)。

「戉」は、長い柄の先に丸い鈍器をくりつけた武器。

「戊」は、長い柄に三日月形の刀がついた武器。

「戌」は、西洋の悪魔が持っている鎌のようなもので、草や収穫物を刈り取る農具。

ところで、「戎」を、例文で「なんじ」と読むと書きましたが、これは『詩経《しきょう》』(大雅《たいが》・烝民《じょうみん》)で使われている用例です。

「戎《なんじ》の祖考《そこう》を纘《つ》ぐ(あなたの先祖を嗣《つ》ぐものである)」と書

㉖

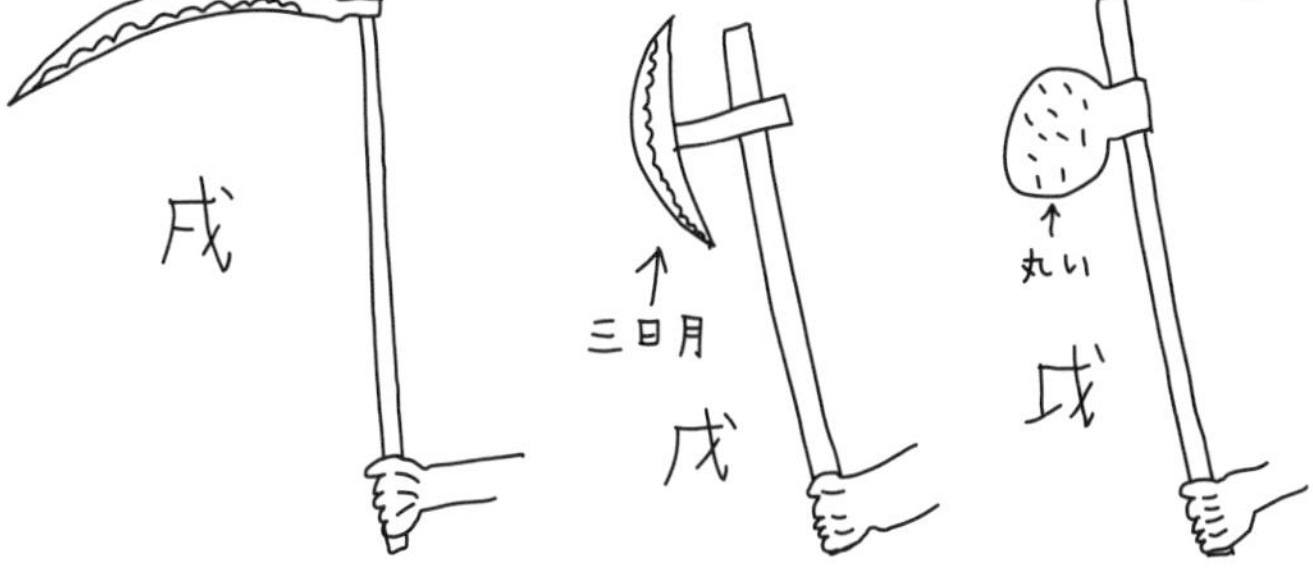

かれています。

どうして「戎」が「あなた」という意味で使われるかといえば、それは「あなた」を表す「爾《なんじ》」と発音が似ていたためだと考えられます。

■戦＝ブルブル震えながら戦う

ぼくは血を見るのが怖くてなりません。獣医になるのを諦《あきら》めたひとつの理由です。高所恐怖症で、歩道橋も渡ることができません。パイロットになるのを諦めた理由です。尖端《せんたん》恐怖症で、人が傘《かさ》を振りながら歩いているのを見ると、前に進むことができなくなってしまいます。雨の日に電車に乗らない理由です。

「戦争」に駆り出されたら、怖くなって足が竦《すく》み、すぐに殺されてしまうだろうなぁと子どもの頃から思っていました。

でも「戦争」の「戦」は「おののく」と読みます。「怖くてブルブルと震《ふる》えること」を意味します。

そうであれば、「戦争」とは「怖くてブルブル震えながら、争っている」ということになるでしょう。

「単」という字、見ていて何かに似ていると思いませんか。旧字体では「單」と書きますが、これは「団扇《うちわ》」の形を描いた象形文字です。

団扇は、その平らな面をパタパタさせて風を起こしますが、それが「震えてビクビク、バタバタ、ブルブルすること」という意味で使ってあるのです。

右側の「戈」は、武器です。

手に武器を持って敵に対しても、怖くてブルブル震えているようだったら「戦い」にはなりそうにありません。

たくさんの言葉狩りがおこなわれていますが、まず「戦争」という言葉を使わないようにするというようなことにしてみるのも、戦争を失くすひとつの方法ではないかと思うのです。

知らなくてもいい漢字にチャレンジ

■戭（エン・イン・ユウ・テン）＝難漢字の姓をもつ悲劇

「戈」がついているので、武器だということはすぐに想像できると思います。問題は、どんな武器か、です。

そのカギは「寅」にあります。

「子丑寅……」という十二支が、もともとは動物ではなく、植物の生長を意味するものだったと記しました。

「子」は、やっと芽が出たところ、

「丑」は、双葉が出たところ、

「寅」は、どんどん上に伸びようとする力が、上から押さえられて横に広がっていくことを表します。

ここから、「戭」は、「長い槍《やり》」を表します。

ただ、この漢字は、孔子の時代から、人の姓としても使われています。

日本でもパソコンでは表示しにくい姓や地名で使われる漢字があります。日本の場合は「ひらがな」で置き換えるなどの処置ができたりしますが、中国ではどうしているのでしょうか。

中国人の先生に訊くと、戸籍処理のためのコンピュータの導入と同時に、強制的に同じ発音の漢字に置き換えられてしまって、「戭」という名前の人は「寅」になってしまったとのことでした。

「寅さん」になった「戭さん」、強制的に姓も変えられるなんて、ご先祖様は嘆《なげ》いていないかなぁと思わずにはいられません。

22 手《て》（扌《てへん》）部——手の組み合わせさまざま

■打 ＝ 釘を打つ音でもあった

中国語に訳された日本のマンガを見ていると、「ダダダダダダ」という人が走るときに使う日本語の擬音《ぎおん》語（また擬態も含めて）部分が「打打打打打打」と漢字表記されていることがよくあります。

中国には古典の時代から現代にいたるまで、ほとんど日本語で多用される擬音語・擬態語（オノマトペ）がありません。

というより、日本語ほど自然の音や物の様子を音で表現する言語は、世界中のどこにもないのですが、このことは日本語の語彙《ごい》形成における非常に重要な要因としても考えることができると思います。

これについてはまた別の機会に記したいと思いますが、たとえば、小鳥の鳴き声を「ピヨピヨ」と聞くか「ビヨビヨ」と聞くか、雨の降り方を「しとしと」とするか「じとじと」とするかによって印象は全然違ってきます。

ですが、漢文では「ピヨピヨ」「ビヨビヨ」などの書き分けなく「鳥啼」と書きますし、「しとしと」も「じとじと」も「雨瀟瀟」としか書きません。

具体的なことはすべて削って、その現象を客観的にとらえるような、大人の文章という感じがします。

ただ、漢字も、その創生の時期には多くのオノマトペがあり、それが漢字の形をつくっていったと考えられます。

「打」は、そのひとつの典型です。

「手（扌）」と「丁」ですが、「丁」は、古代中国語音では「teŋ（「テン」）」、あるいは「トン」）」という音でした。「丁」の「一」は「釘《くぎ》」の頭の部分を表し「亅」は、釘を板などに打ちこむ部分だとされ、「釘」そのものの形を描いた象形文字ですが、釘を叩《たた》く「テントン、テントントン」という音でもあったのです。

「打」は、「手」と「丁」でつくられています。日本語では、走るときの足音、あるいはその姿を、文字になんらの意味も加えず、カタカナで「ダダダダダダ」と書くことができますが、中国語の場合は、漢字しか使うことができません。漢字にはどうしても「意味」が付加されてしまいます。「打打打打打打」と書いてあると、どうしても何かを「打つ」

ようなイメージを抱いてしまいますが、じつはまったくそんな意味はありません。

これは、「ひらがな」も「カタカナ」もなかった時代の日本語表記の方法であった「万葉仮名」の当て字と同じなのです。

古代の日本人が使った万葉仮名の用法を、千五百年の時を経て、こんどは中国人がまねをして漫画を翻訳するなんて、おもしろいことだなぁと思わずにはいられません。

■承 ＝ 真ん中の横棒はなぜ三本か？

学生に、就職活動の面接のときには、「わかりました」とか「了解しました」とかいわないで「拝承致しました」というんだよと教えると、ときどき「承」の「了」についている横三本を二本で書いてしまう人がいます。

やっぱり「了」には「三」と書かなければならない理由があるのです。「承」は、もともと「手」が横棒を三本つけてつくられた漢字だからです。

「了」の上の部分は、人が跪《ひざまず》いているところを表しています。両側の部分（「水」の左右の部分）と「亅」は、いずれも人の手を描いたものです（イラスト㉗）。

「手」が三つあって何をしているのかというと、両手を上に押し上げ

㉗

ていることを意味します。跪いて頭を下げ、両手をあげて、命令や品物をありがたく受け取っている姿を表しているのです。

じつは「拝承」の「拝」も「手」が二つ合わさってできています。旧字体では「拜」と書きますが、左も右も「手」です。

「拝承」という熟語は、「五つの手」と「跪く人」という漢字からつくられているのです。

知らなくてもいい漢字にチャレンジ

■掔（ワン）＝漢字一字で表したいという欲望

「目」と「手」がパッと目に入ります。そして、すでに何度か出てきた「又」、これも「手」ですが「、」が二つついています。こんなものが組み合わさって、何を表そうとしているのでしょうか。

「手首」です。

漢字の解読は、連想ゲームだと思うと楽しくなります。

「目」は、もちろん物を見る「目」ですが、「潮目」「変わり目」など、「変化するところ」ということを表します。

そして「又に、、」は、いまの「叉」の旧字体で、「手の指のあいだに何かを挟んでいること」を表します。「、、」は指事《しいじ》です。

このように分解すると、物を挟むことができる部分の「手」（つまり掌《てのひら》から指）と、二の腕の部分の「手」で、「くるくると動きが変わるところ」なので「掔」が「手首」を表すということも連想することができるのではないかと思います。

それにしても、どうして「手首」と書かないで、わざわざこんな漢字をつくったのでしょうか。

古代の中国人は、熟語ではなく、可能なら漢字一個で、ありとあらゆる現象、存在を書きたいと思っていたからなのです。

■攢（フン）＝衝撃の爆笑話で覚える字

これは、ぼくの先生から聞いた話です。

一九八〇年代、台湾《たいわん》の故宮《こきゅう》博物院の研究者として招聘《しょうへい》された人に「米田功」という名前の方があったそうです。

日本人の研究者が来たというので、盛大な宴会が開かれました。米田先生は、自己紹介をするのに、覚えたばかりの中国語で、自分の名前をいいます。

「私は、米（ミー）、田（ティェン）、功（コン）です」

そういった瞬間に宴会場は、割れんばかりの大爆笑になったといいます。

「ミーティェン」まではいいのですが「功（コン）」は「共」と同じ発音です。

「米田共」と縦に並べると「糞《くそ》」となります。

米田功先生は、「私の名前は糞です」と自己紹介したことになるのです。

さて、「米」と「田」と縦に並べると「番」とほぼ似た漢字になりますが、これは「噐」のところでも記したように「田んぼ」（あるいは畑）に、植物の種を、手でバーッと四方八方にばらまくことを表します。「播布《はんぷ》」という熟語がありますが「広く、行き渡らせる、ばらまく」ということです。

「糞」の下の「共」は、「手」を二つ描いたものです。

ですから「糞」は、もともとは、「みんなが力を合わせて畑に種をまく」ことを意味するものでした。

「擹」は、「糞」が「動物の排泄《はいせつ》物」を表すようになってから、「種をまく」「ゴミを四方八方に掃いて、きれいにする」という意味を表すために「扌」がつけられたものなのです。

「糞」が「排泄物」を表すようになったのは、「排泄物」のことを古代の中国人が「プァン」と呼んでいて、「糞」がその発音と同じだったからです。「プァン」とにおってきそうな音ですね。

23
攵（攴）《のぶん ぼくにょう ぼくづくり とまた》部──する・させるの動詞

■救 ＝「キューッ」としている人を助ける

「国際的救援活動」「国家の救済措置」など、「救援」「救済」などという言葉を聞きます。

「救」とはどういう意味の漢字なのでしょうか。

まず、漢字の音読みから考えてみましょう。「キュー」と発音しますが、どんな感じを受けますか？

「キューッ」と「胸が苦しくなる」ようなときに使います。「あの人のことを思うと、胸がキューッと（キューンと）締めつけられるような思いになる」とか。

じつは、「救」とは、そんなことを表した漢字なのです。

「求」の「水」に似た部分は、「四方に引っ張る」ことを意味します。何を引っ張るのかというと、もともとは狐の皮だといわれています。放っておくと縮こまっていく狐の皮を、引っ張って伸ばすのです。

「攵」は、もともとは「手」に「道具」を持ったところを表した記号で、「する」「させる」などの意味となり、この漢字が「動詞」だということを表すものです。

そうであれば、「救」とは、人などが困って縮こまっているのに対して、手を差し伸べ、ゆったりと暮らしていくようにすること（させること）という意味になるでしょう。

心を「キューッ（キューン）」とさせて、手を差し伸べることが「救」という漢字の意味なのです。

■数 ＝ 米と女の意味するものは？

ぼくは「数」というものに対して、まったく意識が働きません。簡単な計算でも暗算がまったくできず、紙に書いてやっと納得ができる程度です。算盤《そろばん》でも習えばよかったのでしょうが、計算が上手な人をとても羨《うらや》ましく思います。

さて、「数」という漢字の「攵」は、すでに記したように動詞で「する・させる」を意味します。

それでは「楼」という漢字にも使われる「米」「女」とは何でしょう。「米」「女」の部分は、旧字体では、「婁」と書かれていました。「女」の上のところをよく見てください。「串」と一本「一」が書いてありますが、これは「口」「口」に「十」と読むことができます。「口（小さな物）」を串刺しにしてまとめたもの」を意味します。

そして「女」は、「ナヨナヨとして、つながっているもの」を表します。古代の中国では、女性がひとりで生きていくということはなく、必ずだれかに庇護《ひご》されていたので「つながっている」という意味で使われたのでしょう。

また、「十」は、「まとめる」ことを意味します。

さて、これで「数」の意味がわかったのではないでしょうか。小さな物がたくさんつながってあるものを、ひとつずつ数えてまとめることです。

算盤の下の玉を器用に上下させながら、数をまとめていく人たちを見ていると、これこそが「数」なのだなぁと思うのですが、最近は算盤、ほとんど見なくなってしまいました。

■敟（テン）＝理想の皇帝の業績にならった政治を

中国最古の歴史書は『書』（『尚書《しょうしょ》』または『書経《しょきょう》』とも）という書物です。孔子が編纂《へんさん》したといわれますが、本当かどうかよくわかりません。

それにいま伝わっている『書』は、西晋《せいしん》末の永嘉《えいか》の乱（三〇七〜三一二）で失われて、のちにつくられた偽書と考えられ、さらに唐代、玄宗《げんそう》皇帝の天宝《てんぽう》三（七四四）に、漢字がすべて現代の漢字に書き直されています。日本には遣唐使で伝えられた玄宗による改字以前の『尚書』が伝わっているので、そのことがよくわかるのですが。

さて、『尚書』の冒頭には、理想の帝王とされる堯《ぎょう》と舜《しゅん》のことが書かれた「堯典《ぎょうてん》」と「舜典《しゅんてん》」が置かれます。

堯も舜も伝説の人ですが、黙《だま》っていても人が集まり、それぞれの人が自分のやるべきことを楽しく元気にやれる社会をつくった人といわれます。

そんな国をつくった人たちの業績が「典」なのです。

「典」の下の部分には「一」と「八」が見えますが、これは書見台です。そしてその上にあるのが、竹簡《ちっかん》や木簡でつくられた「典籍」です。

「堯や舜がおこなったすばらしい業績を、書見台においていつでも読めるようにしておいて、これをもとに政治をおこなうように」という教えです。

それでは、この「典」に、動詞を表す「攵」がつくとどうなるでしょうか。「つかさどる」「つかさどらせる」という意味になります。

「堯典」「舜典」のほか、決まり事が書かれた「法典」などを参照しながら、うまく社会を司《つかさど》るようにする、あるいはさせるということを表すのが、「敟」という漢字の意味なのです。

■敡（イ）＝人生をあらためる変易のきっかけ

中国最古の歴史書『書』にふれましたので、ついでに中国最古の哲学書『易《えき》』についてもふれておきましょう。占いで知られる『易経』です。なお、この本は「エキキョウ」と読んで「イキョウ」とは決して読みません。

ただ、占いと簡単にいえないのが、『易経』のすごいところなのです。

占いといえば、だれといつ結婚するとか、失せ物を見つけるとか、未来のことを予言するもののように感じますが、じつは占いとは、それぞれの人、物の「本質」を教えてくれるものなのです。

『易経』を読むためには、二つの視点が必要だといわれます。「変易《へんえき》」と「不易《ふえき》」と専門用語ではいいます。「易」は、訓読みでは「かわる」と読みますが、「変易」は「変わるもの」、これに対して「不易」は「変わらないもの」をいいます。

人は、生まれてから死ぬまで、その人のもって生まれた性質なり運命なり、そうしたものと一緒に生きていきます。これが「不易」の部分です。ただ、そうした性質や運命は、何かのきっかけで変えることができます。その「きっかけ」を教えてくれるのが「変易」なのです。

「攴（ぼくにょう）」は手で棒を持っているところを描いたものです。イラスト㉘にある形が変化して「攵（のぶん）」となりました。古い本や辞書には「敡」と書いてあっても、比較的新しい本には右側が「攵」と書いてあるものも少なくありません。「改」も、古い字では右側が「攴」と書いてあったりします。

さて、「敡」という漢字は、「易」に動詞を表す「攴」がついています。これは「あらためる」ということを意味します。

ただ、「易」にはもうひとつ「容易《たやす》い」「簡単だ」という意味があります。この場合は

㉘

「エキ」ではなく「イ」と発音します。

「駁」も「イ」と読むと「手軽い」「侮《あなど》る」という意味になってしまいます。

『易経』は、駁（てがる）に買えますが、駁（てがる）に読んで駁（あなどる）と、人生を駁（あらためる）ことはできないかもしれません。

24 日

ひ
ひへん
にち
にちへん

部 ── 太陽や明暗にまつわるもの

■春 ＝ 屯と日からつくられた漢字

杜《と》甫《ほ》（七一二〜七七〇）の「絶句」です。

江碧鳥逾白　江《こう》、碧《みどり》にして　鳥、逾《いよいよ》白く
山青花欲然　山、青くして　花、然《も》えんと欲す
今春看又過　今春看々《みすみす》又過ぐ

何日是帰年　何《いず》れの日か是れ帰年ならん

川は深い緑を湛《たた》えてゆっくり流れ、鳥は遠く青空の中に飛んでいく。

山の新緑のなかに、燃えるような赤い花が大きく花弁を開いていく。

しかし、この美しい春も、いつのまにかあっという間に、夏に変わってしまうのだろう。

いつになったら、私は故郷に帰れるのだろうか。


捕虜として長安《ちょうあん》の都に留め置かれた杜甫が書いた有名な詩です。

さて、「春」は、もともと「屯」と「日」が合成されてつくられた漢字（「旾」）です。

「屯」は、「駐屯地」などの熟語で使われますが、もともとは「ずっしりと生気を溜めて地上に芽を出そうとしている植物の姿」を描いたもので、そこから「戦争に行くための兵士たちが、たくさん力を溜めて駐在しているところ」などという意味で「駐屯地」などと使われるようになりました。

「屯」と「日」が合わさってできた「旾」の意味はもうおわかりでしょう。

お日様の力がこれからどんどん強くなっていく、そして植物も芽吹く時期を迎える、そんな意味でつくられた漢字なのです。

残念なことに、毎年、春はあっというまに過ぎてしまいます。いつになったら、故郷でゆっくり春を過ごすことができるのかなぁと、春がくるたびに思ったりするのです。

■明 ＝ 窓から射し込む美しい月光

小学校で「『明』という漢字は、『お日様』と『お月様』が両方あって『あかるい』でしょう！　こんなふうに覚えると簡単よ」といわれて覚えたという人も少なくないのではないでしょうか。

そういう説もありますが、甲骨《こうこつ》文字を見ると、「朙」と書いているものもあります。「朙」の左側の「四」の中に「口」を書いたものは、窓を表します。

すでに記しましたが、古代中国の家は、土壁で塗り固めて造られて、窓枠はとても小さく、ほんとうに穴を空けただけのものでした。その窓を描いたのが「朙」の左側の部分です。

当時は、いまとはまったく異なる、街灯もない、真っ暗な夜だったということを思い浮かべてください。月の光が、穴を空けただけの「窓」から射し込むのです（イラスト㉙）。

㉙

李白《りはく》（七〇一～七六二）に「静夜思《せいやし》」という詩があります。

牀前看月光　牀前《しょうぜん》月光を看《み》る
疑是地上霜　疑うらくは、是れ地上の霜《しも》かと
挙頭望山月　頭《こうべ》を挙げて山月を望み
低頭思故郷　頭を低《た》れて故郷を思ふ

李白は、月の光をベッドの上で見て、まるで霜が降りているようだというのです。
中国で木造の建物が建てられるようになるのは、李白や杜甫が亡くなってから三百年くらい経ってからです。
そんな窓から、真っ暗な家の中に射し込む光は、驚くほど美しいものだったのではないかと思うのです。

知らなくてもいい漢字にチャレンジ

■**㬎**（ケン・ゴウ・キン）＝光を集めて明るくする

顕微鏡《けんびきょう》っておもしろいですよね。

友人の医者からもらった顕微鏡で葉っぱや蝶《ちょう》の羽などを見ていると、きれいで不思議で、おもわず「ワー！」と声をあげて叫びたくなることもしばしばです。

さて、「顕微鏡」は、訓読すると「微《かす》かなるものを顕《あきら》かにする鏡」となります。

さて、「顕」の旧字体は「顯」と書きました。それでは、この字の「頁」をなくした「㬎」はどういう意味でしょうか。

「頁」は、「頭」や「顔」などに使われるパーツですが、これは「丸くて大きいもの」を意味します。

それでは、「㬎」を見てみましょう。

すでに書きましたが、「幺」は「小さなもの」という意味でした。「㬎」には「幺」が二つありますから、「さらに小さなもの」つまり「微細」などの意味を表します。

「灬」は「火」を表します。真っ暗な中で松明《たいまつ》や蠟燭《ろうそく》、ランプの火を近づけてスポットライトを浴びるようにすることです。

また「日」がついていますが、これも太陽の光を使って、明るくすることを意味します。

つまり「太陽の光、蠟燭の光などを集めて明るくして、微細なものをよく見えるようにすること」が「㬎」なのです。

ただもうひとつ、「㬎」には別の意味があります。「ケン」という発音であることから「喧《けん》」と同じ意味で使われ、「かまびすしい」「うるさい」という意味になるのです。

■曡（チョウ）＝畳に似て非なる文字

「疊」は「畳」の旧字体です。パッと見ると、「曡」は畳の旧字体のようにも見えますが、よく見ると構成されるパーツが全部違います。

「曡」は、「日」が三つで、その下に「冝」がついています。これは「宜」の異体字です。そうであれば、「晶」と「宜」が組み合わさってできている漢字なのだということがわかります。

『説文解字《せつもんかいじ》』には、前漢の思想家・揚雄《ようゆう》の説だとして次のような話が引用されています。「昔は、裁判官が、罪人の罪状を決めるのに三日間、その人の行動を見極めてから、適当だと思われる宜《よろ》しき判断を下した。だから、日が三つ書かれているのだ」と。

では、文字の成り立ちから考えてみましょう。

「宜」は、土を盛り上げて塚のようにしたものです。日が三つあるのは、「あきらかであること」「よく見えること」を意味します。

つまり、「曡」はまわりに比べて、高く積み重なっていることを表す漢字です。

じつはこの漢字、「畳」と同じ意味で使われると、『説文解字』にも書かれています。「畳」は日本の「たたみ」ではありません。もともとは「田んぼ」や「畑」などのような、「土地」が断層を見せるようにして重なっているところ、すなわち「崖《がけ》」を表す漢字です。

25

曰《ひらび　いわく》部――日より平たい「ひらび」

■書 ＝ 曰ならぬ七輪のパーツ

「日」と「曰」、よく似ていますね。とくにパソコンの明朝体などでは「日」がちょっと瘦《や》せた感じだとすれば、「曰」は太っちょ、というほどの違いしか感じられません。

でも、手書きの場合には、ちょっと注意をして書き分けなければなりません。

「日」は、すべての部分で、線がくっついています。これに対して、「曰」は、左上の角と、二番目の横線の右部分は、空白をつくっておかなければなりません。この二番目の横線は、「舌」を表し、まわりの「□（四角）」は、「口（くち）」を表しています。

舌が自由に動くように、また口は開いているように、空白がなければならないのです。

「日」は、いうまでもなく「太陽」です。

ただ、「書」という漢字の下にあるのは、「日」でも「曰」でも、どちらでもありません。この「曰」は、七輪のような小型のコンロを表します（イラスト㉚）。それでも「曰」部に入っているのは、形が「曰」に似ているから、だけの理由です。部首は必ずしも漢字の意味による分類ではないのです。

一方、「書」は、「聿」と「者」が合成されてつくられています。

「聿」は、「筆」です。つまり「書」とは、「筆を持つ者」というのが本来の意味だったのです。これが、のちに「記録する人」「記録されたもの」などと意味が転化し、さらに「書物」などと使われるようになっていきます。

㉚

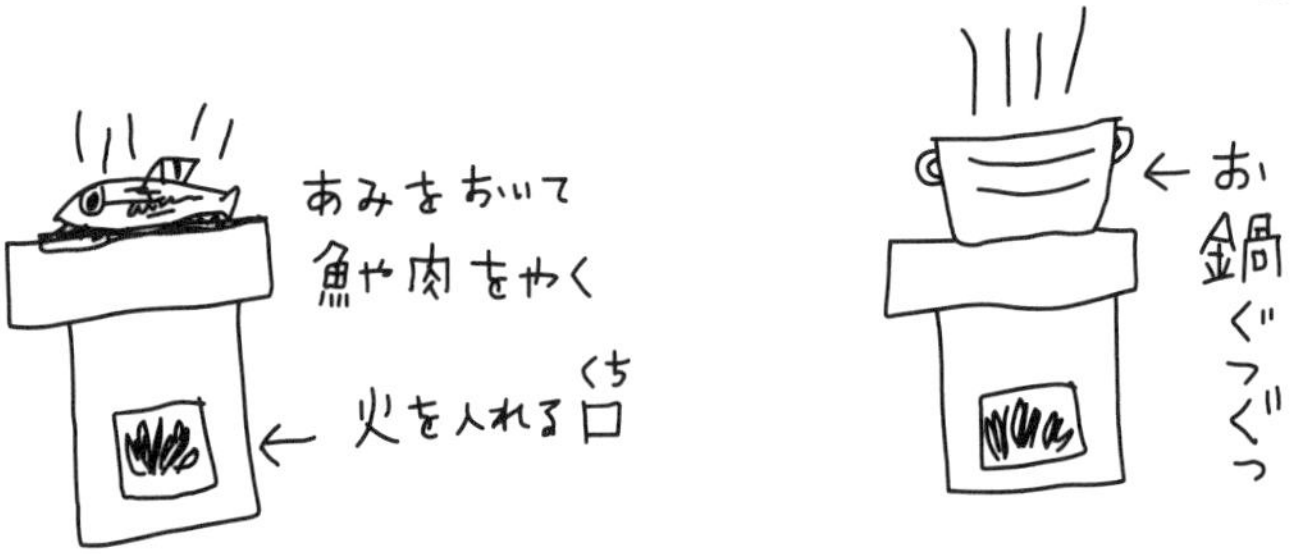

では、「者」という漢字はどうやってつくられたものなのでしょうか。これは、七輪に短い柴を入れて、火をつけて燃やしていることを表したものです。

「煮る」にも「者」がありますが、「灬（火）」をつけ足すことで、グツグツと下から鍋を「煮」たりしていることを強調しているのです。

ところで、そんな七輪が、どうして「もの」という「人」を表す漢字として使われるようになったのでしょうか。これは仮借《かしゃ》といい、同音の既成の漢字を、意味に関係なく転用することです。序にも書きましたが、漢字がつくられるための六つの方法（六書《りくしょ》）のひとつです。

「これ」を表す「諸」も同じですが、「これ」「それ」「もの」など、指示代名詞として使われるようになるのです。

そうであれば「書」のいちばん下の部分は、どう書くのが正しいのでしょうか。

甲骨文字などによれば、「日」の真ん中の「一」は、両端を空けて書かれています。これは、七輪の「口」で、風を入れるための「穴」を表しています。

ですが、そこまで気をつかって漢字を書く必要はないでしょう。「日」みたいに、両方くっつけて書きなさいと、小学校では教えています。

■最 ＝「ちょっとだけ」が強まった意味

「もっとも」は、平安時代頃までは「もとも」と発音されていたようです。意味は、いまと変わりません。「非常に、とりわけ、他のすべてにまさって」です。

それでは、上についている「曰」は、何を意味するのでしょうか。

これは、「帽子」の「冒」の部分の「曰」と同じです。

「冒」という字は「目を覆って、見ないようにする」ということを表します。「冒険」というのは、「目を覆って、見えないようにして、とっても危険なところに飛び込む」ことを意味する言葉なのです。

さて、それでは「最」とはどういう意味の漢字なのでしょうか。よく見ると、下には「取」という漢字がついています。これは、「頭から覆いを被って見えないようにして、ちょっとだけ摘《つ》まむ」ことを表します。

「取」は「耳」を「摘まむ」ことです。いろいろな説がありますが、捕虜の耳を摘まんで「自分のものにした」「獲得《かくとく》した」ということを表すのが原義とされます。

このように「ある部分だけ」をちょっとだけ摘まんで自分のものにすることを意味するのが「取」です。

それでは「最」が、「非常に、とりわけ、他のすべてにまさって」という意味になったのはどういう理由なのでしょうか。

「ちょっとだけ」の部分が「とりわけ」「全体の中から、その部分だけを」という意味が強調されて、「程度がもっともはなはだしい」「いちばんの」などと使われるようになったのです。

知らなくてもいい漢字にチャレンジ

■堨（ケツ）＝「ギョエー!」と叫ぶ勇ましさ

漢文を習いはじめると、すぐに「曷」という、日常ではあまり使わない漢字を習います。

これは「なんぞ」「いづくんぞ」と読みます。「何ぞ」と書くのと何の変わりもないのですが、「曷」のほうが、「ギョエー！　なんで!?」みたいな、ちょっと驚いた声が聞こえそうな感じがします。

それは、漢字の成り立ちを見れば、わかると思います。

「曷」の「曰」は、いままで説明してきたような「七輪」でも「覆う」という意味でもありません。これは「曰《いわ》く」という意味の「言葉を発する」ことです。

その下にある「匃」は、「人を押しとどめていること」を表します。「勹」は、人が物を抱えて、丸くなった姿を横から見たところを描いた象形文字だと「4 勹部」のところで書きました。

後ろから人を覆い被せるようにして「行ったらダメ！」と、抱きかかえている様子を描いたものです。

たとえば、子どもが横断歩道を歩いていて、そこにいきなりトラックが走ってきて、「ワー！　あぶない！　ダメー！」と叫びながら、子どもを抱きかかえるところです。

この「ワー！　ダメー！」と叫んでいる部分が「曰」の部分です。

「ゲー！　なんで？」という意味の「曷ぞ」だということがおわかりいただければと思います。

さて、この「曷」に「去」がついた「朅」になると、どうなるのでしょうか。

「去」は、「行く」「除く」「取り去る」という意味の漢字です。「ギョエー！」などと叫びながら「行くこと、取り去ること」から「勇ましい」「猛々《たけだけ》しい」の意味で使われます。

『詩経』にも使われている漢字なのですが、注釈には「武々《たけだけ》しく勇ましい様子」と書かれています。

■曶（コツ）＝モゾモゾいう言葉

『説文解字』によれば、「曶」は、「言葉」という意味であると書かれています。

なぜこれが「言葉」なのかというと、「勿」が口から出る空気を描いた象形文字で、「曰」は、「子曰く」というように「人がいうこと」だからです。

ところで、「言」と「音」って似ていると思いませんか？

じつは、甲骨文字では、「言」と「音」はほとんど形が同じなのです。

その違いは、「言」で「口」となっているところが、「音」では「日」となっていることです。音の「日」は、古くは、真ん中の「一」が、両方どちらにもくっつかない状態で描かれていました。これは、口を噤《つぐ》んだところを描いたものです。

「言」は、口から声を出すときに、はっきりとした発音で音を出すのに対して、「音」は、口を噤んでいるので、何をいっているのかわからないことを意味します。

「子曰く……」ではじまる孔子の言葉は、はっきりとした発音で孔子が話していることを表します。

一方、「曶」は、「言」と「音」の中間くらいの「モゾモゾいうような言葉」を表すのかもしれません。

26

月

つき
つきへん
ふなづき
にくづき

部——月や肉にまつわるもの

■服 ＝ 舟を岸にぴったり着ける

「月」と書いてあると、どうしても、お月様を思い浮かべます。

ただ、部首「月」には、「お月様」とは別に、「肉」が変化して「月」となった、いわゆる「肉月《にくづき》」と呼ばれる漢字もありますし、もうひとつ「舟」という漢字が、「月」になったもの（ふなづき）もあります。

「服」は「舟」が「月」になったものです。つまり、「舟」と「卩」と「又」が組み合わさってつくられたのが「服」なのです。

なぜ、これが「和服」「洋服」などの意味で使われるのでしょうか。

それは、「ぴったりとくっつく」という意味があるからです。

「卩」は、「人」の変形です。「又」は、すでに何度も出てきましたが、「手」です。「人に、ぴたりと自分の手をつけているところ」を書いたのが「𠬝」なのです。

たとえば、「服」のほかに「𠬝」がついた漢字で「報」があります。

「報」の左側の「幸」は、罪人が手枷《てかせ》を嵌《は》められているところです。「報」は、その罪人の背中を手で押していることを表したものです。「罪に対して、それをきちんと報《むく》いなさい」という意味から「報いる」という意味で使われるようになったといわれています。

さて、「服」とはなんでしょうか。

手で寄せて、「舟」を岸に着けることをいうのが、もともとの意味です。

ここから「ぴったり着ける」という意味で、衣服をぴったりと自分の身体にまとうことから「和服」「洋服」「中国服」などの「服」という意味で使われるようになったのでした。

「公金着服」などと新聞などで使われますが、「公《おおやけ》のお金を、自分のものとして引き寄せて、身にまとってしまうこと」をいうのです。

■朔＝逆転する月

電気もなかった時代、人は毎晩、月を見て、今日が何日かということを数えていました。

「クロワッサン（Croissant）」というパンがありますが、あれは「満ちていく月」を意味します。「欠けていく月」は、「デクロワッサン（Decroissant）」といいます。

「C」も「D」も月の形に似ていますが、月を見て、「C」つまり下弦の月だったら「欠けていく月」、「D」で上弦の月なら「満ちている月」となります（イラスト㉛）。「Cだったらクロワッサンなのに欠ける月」「Dだったらデクロワッサンなのに満ちる月と覚えなさい」と、フランスの小学校では教わるのです。

「何がなんだかよくわからない」と、フランス人の子どもは頭を混乱させるのですが、クロワッサンを食べながら、「クロワッサン」「デクロワッサン」とやっているうちに、それが染みついていくのです。

さて、「朔」は、音読みで「サク」、日本語では「ついたち」と読みます。

この漢字の右側は「お月様」です。左側についているのは「逆」という漢字の「辶（しんにょう）」のない形です。

「屰」は、「大」という漢字を上下反転させて書いたもので、「人がひっくり返って、逆になっていること」を表したものです。月は満ちて欠けてなくなってしまうと、逆の形で生まれ変わってきます。この「逆」の形の月になることを「朔」と書いたのです。

㉛

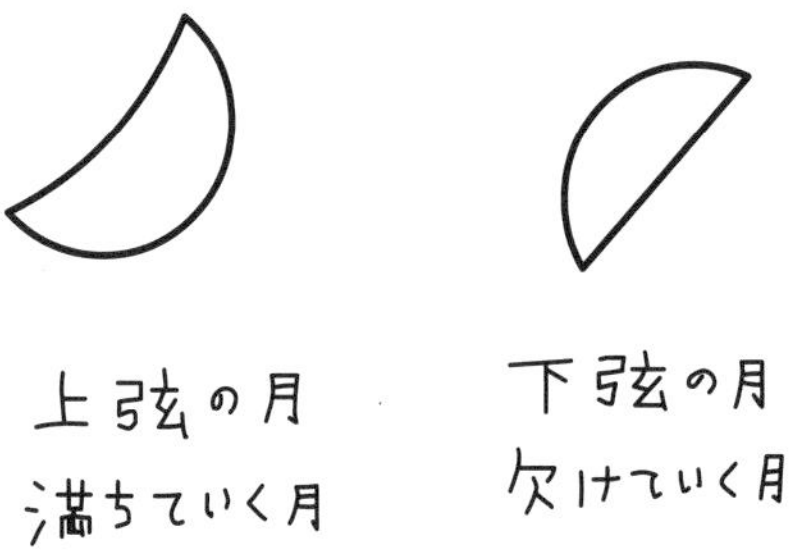

知らなくてもいい漢字にチャレンジ

■朢（ボウ・モウ）＝遠くに満月をながめる

「望」という漢字は、人名では「のぞみ（のぞむ）」などと使われますが、もともとの意味は「もちづき」と読んで、「満月」を表します。

「望」を見ると、「無い」という意味の「亡」がついているので、満月という感じがしません。「望」は、甲骨文字や金文《きんぶん》では「朢」と書かれていました。いまでも異体字として使われることがあります。

臣下が朝廷に招かれて、遠く王に見《まみ》えるように、満月を見ることが字源だといわれています。

ただ、もうひとつの説があります。

「臣」は、もともと「大きな目を見開いた顔」を描いた象形文字です。その大きな目をした人が、足を伸ばして、月を見ているところを表しているという説です。

古代の人にとって、「望」（満月）と「朔」（新月）は、暦《こよみ》をつくるうえでとても重要な夜だったのです。

ちなみに「亡」という漢字が「臣」に取り替えられたのは、満月のことを「ボウ」と発音していたために、その音を表すための「亡」が、「臣」と取り替えられたのだといわれています。

■朒（ジク・ニク）＝三つの意味をもつ字

「胃」「腸」「背」などの「月」は、もともと「肉」と書かれていたのが「月」に変わったものです。「肉月《にくづき》」と呼ばれます。

すでに記しましたが「服」の「月」は「舟」が変化して「月」になったものです。

それでは、「朒」の「月」は何でしょうか。

もしもこの「肉月」と「肉」が合成してつくられたものであれば、「朋」という漢字がすでにあります。これは、「対等な関係」としての友人を意味します。

『論語』（学而篇《がくじ》）冒頭の「朋《とも》有り、遠方より来たる。亦《ま》た楽しからずや」という文章にも「朋」が使われています。「対等な立場で話ができる友人が、遠くからやってきてくれた。なんと楽しいことだろうか！」というのです。

「朒」には、三つの意味があります。

ひとつは、朔日《ついたち》に真東に出る月のことだそうです。新月が真東に出るのがどうやってわかるのか、天文学にうといぼくはまったくわかりませんが、そういう現象があるのでしょう。この場合の「月」は「お月様」を意味する部首として使われているのは明らかです。

二つめは、「足りない」という意味です。

宋代の修身書『小学《しょうがく》』の、数の数え方を書いたところに、「過不足を知って、元の数を知ること」と説明されていますが、算数が苦手なぼくには、よくわかりません。ただ、この場合は「服」などと同じように「着く」という意味で「月」が使われていると考えられます。

もうひとつは、「縮まる」という意味です。

これは、『漢書』に「王侯縮朒」という用例があり、「やらなければならない仕事ができなくて、萎縮《いしゅく》してしまう」ということを表しています。仕事が期限までに終わらないとなると、身体の肉も縮こまってしまいます。

27

木

き
きへん

部――木や木材の製品をいう

■末＝成長しきっていない若い枝

儒教の四経典「四書《ししょ》」のひとつ『大学《だいがく》』は、江戸時代、手習いや寺子屋で、子どもが必ず習う本のひとつでした。

その初めのところに「其の本乱れて、末治まる者は否《あらず》。其の厚くする所の者薄くして、其の薄うする所の者厚きは、未だ之れ有らざるなり……此を本を知ると謂《い》う。此を知の至ると謂う」という言葉があります。

意味は、以下のとおりです。

「道を治めるべき根本が乱れていて、末葉が完璧《かんぺき》な人はいない。大事にしないといけない人を蔑《ないがし》ろにし、それほどまでに大切にすべきではないものを手厚く大事にするなど、こういうことをしていて、決してうまく物事ができたことはない。……これを『本を知る』という。大事にすべきものとそうでないものを区別すること、それを『知が至っている』という。

と謂うのである」

江戸時代、だいたい七歳から八歳頃に、すでに子どもたちはこういう言葉を教わっていたのです。いまの教育は、細かい末端の現象ばかりを教えて、中途半端なところで子どもたちのやる気を失わせるようにしかつくられていません。「何が大切か、何が不要か」を区別する「知」を根本から学ばせるようにしたほうがいいと思うのですが。

さて、この文章には「本」「末」「未」と「木」部に属する漢字が三つ使われています。「本」は、「木」の「根」から出た「幹の根本」を「●」で強調したものです。この「●」が後世「一」という線に変化して「本」となったものです（イラスト㉜）。「末」は「本」の反対で「木」のいちばん先、幹からいちばん遠い枝葉のところを強調して「●」をつけたもので、「末端」のあまり重要でない部分を表します。

また「未」は、「木」の「｜」の上に「凵」を足したものです。これはまだ成長しきっていない若い枝です。「未」は、「いまだ～せず」という意味で使われますが、「まだ成長していないこと」を表します。

㉜

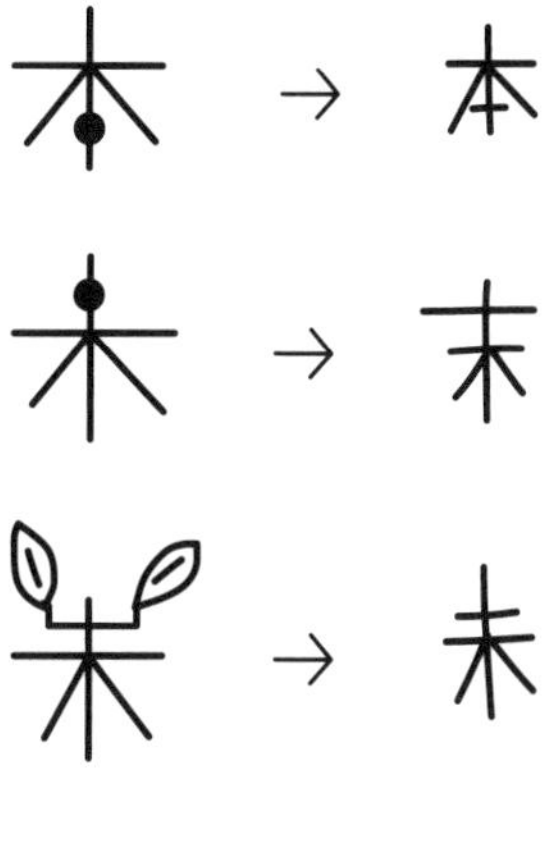

「未知本末」と漢文で書くと、『未だ本・末を知らず』と読みます。

「本末転倒」などとよく使われますが、大事なところと、そうでないところを区別する力は、やっぱり子どものときに根本から教えてもらわないと身につかないのではないでしょうか。

■朱 ＝ 木を切った切り株の色

「朱に交われば赤くなる」とは、一五九九年頃書かれた『北条氏直時代諺留』に見える言葉ですが、「朱」と「赤」は、似て非なる色です。

「赤」は、もともと「大」の下に「火」を描いたもので、ボウボウと燃える赤い火の色を表します。

これに対して、「朱」は「木」を「丿」＝「鋭利な斤《きん》（おの）」で、「一」＝「横にザックリ切り倒した」ものを表します。

木を切ったときに見える切り株の色が「朱」なのです。

ところで、印鑑を捺《お》すときに使う「朱肉」は、もちろん木からつくるわけではありません。いまは、インクのように化学物質としてつくられるのでしょうが、古くは「辰砂《しんしゃ》」と呼ばれる水銀と硫黄《いおう》の天然の化合物をもとにつくられていました。

書家や日本画家などが使う高価な「朱肉」は、辰砂でつくられたものでねっとりとしていて、ときどき、ぐねぐねと掻き混ぜてネチネチとさせなければなりません。

その辰砂の朱の美しさは、深くなんともいえない光沢をたたえます。

ただ、時を経ると、「正倉院文書《しょうそういんもんじょ》」などにも見られますが、水銀のために紙が焼けて、本当に銀色に変わっていくのです。

知らなくてもいい漢字にチャレンジ

■枓（シュ・トウ）＝北斗七星の長い柄杓

子どもの頃、「北斗七星《ほくとしちせい》の柄杓《ひしゃく》の先を五倍延ばしてごらん、北極星が見つかるから」と教わったことがありました。

中国の古典で、仙人になるための修行などが書かれた道教の概説書『雲笈七籤《うんきゅうしちせん》』という本を読んだときに、北斗七星の柄杓の器の部分を構成する四つの星をそれぞれ「天枢《てんすう》」「天璇《てんせん》」「天璣《てんき》」「天権《てんけん》」、また全部を合わせて「魁《かい》」と呼ぶこと。また柄の部分は「玉衡《ぎょっこう》」「開陽《かいよう》」「揺光《ようこう》」で構成されていて「杓《ひょう》」と呼び、「魁」と「杓」を合わせて「斗《と》」と呼ぶのだと知りました。

さて、「斗」という漢字は、穀物をすくって取り上げるための容器、つまり柄杓を描いた象形文字です（イラスト㉝）。

ただ、これは手で握る柄の部分が短いスコップのような形をしています。

これに対して、北斗七星は柄の部分がとても長い、神社で手や口を禊《みそ》ぐときに使う柄杓のようです。

この長い柄がある柄杓と、「斗」を区別するためにつくられたのが「料」という漢字なのです。

そうであれば、「北斗七星」ではなく「北料七星」とすればよかったのになぁと思いますが、そうすると、格好よさがなくなりますね。

㉝

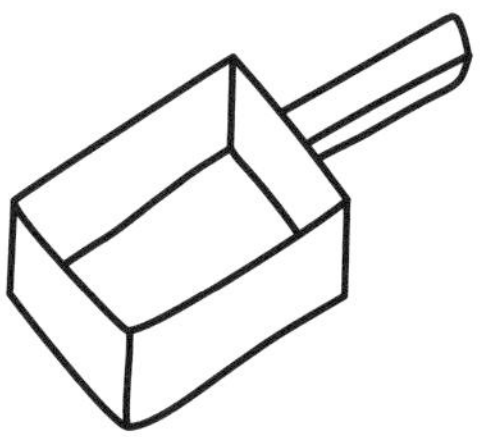

■蘖（ひこばえ・ゲツ・ガツ）＝切り株から吹き出た新芽

里山と呼ばれる日本に古くあった雑木林なども失われているといわれますが、木に関する言葉も、それと同時に消えてわからなくなってしまうのではないかと思います。

「ひこばえ」とは、木を切り倒した切り株から吹き出た新芽のことをいいます（イラスト㉞）。

『書経』（盤庚《ばんこう》上）には「顚木《てんぼく》の由蘖《ゆうげつ》有るが若《ごと》し」と書かれています。「倒れた木からも若い芽が芽生えるように、決して人の道というのは消えることはない」という意味で使われる言葉です。

それでは、真ん中にある「𠂤」は何でしょうか。

右側にある「辛」は、「刑罰を加えるための鋭い刃のある武器」です。

「𠂤」と「木」で「うずたかく茂った木」を表します。これは「𠂤」が「高い土塀」のイメージで、とにかく「高く大きいこと」を意味するからです。

「艸（くさかんむり）」から下は、この「うずたかく茂った木」を「辛」で真っ二つに切り倒した状態を示しています。

これに「艸」がついて、バッサリと切られた木の切り株から草のように芽が出ているところを意味する漢字となったのです。

ちなみに、この漢字は「物事のはじまり」また「切る」「剃《そ》る」などの意味でも使われます。

28 欠

あくび
けんづくり
かける
けつ

部 ― 口をあけた姿のもの

■欧 ＝ ヨーロピアンとは程遠い意味

「欧」と書くと、それだけで「ヨーロッパ」という感じがします。

でも「欧風カレー」って何か変だと思いませんか？　ヨーロッパではほとんどカレーは食べませんし、インド人が経営している店で食べるカレーはスープのようなものです。いったい「日本カレー」「インドカレー」「ヨーロッパカレー」みたいな区別があって、日本カレーやインドカレーをちょっとヨーロピアンにしたものを「欧風カレー」と呼ぶのかなぁと思ったりするのです。

さて、「欧」には「ヨーロッパ」という意味はありません。「ヨーロッパ」という言葉を漢字で「欧羅巴」と当て字にして、その初めの一文字を使ったことから、いつのまにか「欧」が「ヨーロピアン」の意味をもつようになったのです。

それでは、「欧」はもともとどういう意味の漢字だったのでしょうか。

「欧」は、旧字体では「歐」と書きます。「歐」の左側は「東京二十三区」などの「区」の旧字体（區）です。これは、「品」が「細々とした区画」を、「匚」が、「ある程度まとめる」を表し、合わせて「ある程度まとまった区画」を意味するようになったものです。

「欠」はどうでしょう。

これは、人が口を開けて、お腹を凹《へこ》ませているところを描いた象形文字です。「お腹が減って栄養が欠乏している」、「食べ物が欲しい」などという意味を表しています。「欲」という漢字に「欠」があるのも納得できるのではないでしょうか。

また、お腹が減るとお腹を手で覆い、情けなく、小さく、背中が曲がってしまいます。そこから「身体をくねらせる」という意味でも使われます。「欣」は「よろこぶ」という意味ですが、身体をくねらせて「ワッハッハ」とよろこぶことを表しています。

さて「歐」は？

身体の部分部分を折り曲げて、小さくなることを意味します。

いまは、「嘔吐《おうと》」と書きますが、古くは「歐吐」と書きました。身体を折り曲げて、大きな口を開けて、口の中から小さな食べ物の塊《かたまり》を出すという意味の「歐」と「吐き出す」と意味の「吐」でできた熟語です。

「口」から出すから「嘔」ですが、大きな口を開けて身体を曲げて吐瀉《としゃ》するという意味からすれば「欠」でも構いません。血を吐くことも「吐血」あるいは「歐血」と書きました。

「欧化政策」というと、明治時代の煌《きら》びやかな鹿《ろく》鳴館《めいかん》などを思い浮かべますが、漢学者たちは「欧化」と書かれたものを見て、吐き気をもよおしていたのかもしれません。

　でも、現代の私たちは「欧風カレー」、食べたくなりますね。

35

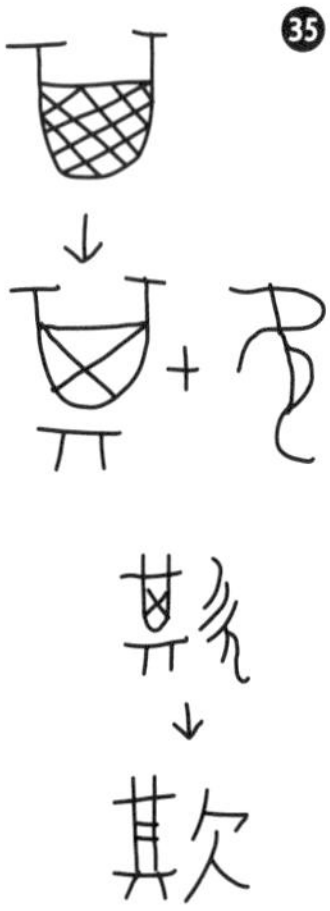

■欺 ＝ 厳粛な顔で巧い話をする

「オレオレ詐欺《さぎ》」とか「振り込め詐欺」など、詐欺師たちは、驚くほど巧妙な手口で人からお金を騙《だま》し取ろうとします。

　人は騙されているときに、どうして「これは詐欺」と気がつかないのでしょうか。

それは、詐欺師たちが「欺」だからなのです。

「欺」は、「其」と「欠」でつくられていますが「欠」は、すでに記したように「大きな口を開けて、身体をくねらせている人」でした（イラスト35）。

「其」は、もともと四角い「箕《み》」（竹で編んだ、土を入れて運ぶため農具）を描いた象形文字で、「表面は四角く厳《いか》めしい形をしているのに、中身は大したことがなく、引け目を感じている」という意味を表すといわれています（小林信明編『新選漢和辞典』）。

つまり「欺」とは、心の引け目を隠すために、非常に厳粛《げんしゅく》な顔をして、さも公的な人物であるかのような姿で、大きな巧《うま》い話をすることをいう漢字なのです。

ついでですので、「詐欺」の「詐」にもふれておきましょう。

「乍」の「丿」は、「朱」のところでもふれましたが「鋭い刃物」を表し、残りの部分は、鋭い刃物を使って切れ目を入れ、細工をされていることを描いたものです。

「工作」などの熟語がありますが、「作」とは、人が道具を使いながら、いろいろな作業をして作品をつくることを意味します。

「言（ごんべん）」がつくとどうなるでしょう。

もうおわかりですね。「言葉を巧みに使って、細工をして、人を騙すこと」なのです。

「詐欺」には決して引っかからないように気をつけましょう！

■歔（キョ・コ）＝漢字一字で「むせびなく」

演歌の歌詞に、よく「むせびなく」という言葉が使われます。「むせぶ」は「噎ぶ」「咽ぶ」などと書くこともできます。「噎」は「壺《つぼ》の入り口に何かが詰まった状態になっている」ような人の「口」で、「喉《のど》が詰まる」「口が塞《ふさ》がっている」という意味の漢字です。

「咽」の「因」は、敷物の上に人が「大」の字に寝ているところを描いたもので、「上から下まで敷物が動かないように抑えていること」を表します。「口」がついた「咽」は、口のところが覆われて声も出ない状態であることを意味します。

それぞれの意味の使い分けで「噎び泣く」「咽び泣く」などと書き分けることもできますが、ひとつの漢字で「歔《むせびな》く」と書くこともできるのです。もちろん、「噎び泣く」「咽び泣く」とは意味が異なります。

「歔」には、「噓」でも使われる「虚」が使われています。漢字としては「虍（とらかんむり）」部に分類されますが「虎」とはまったく関係がありません。「虍」は中国語の「フー」「スー」（日本の漢字音では「キョ」）の音を表す音符として使われているだけです。

「虚」の意味は「虍」の下の部分にあります。これは、両側を崖に挟まれて凹んだ地形を表しています。つまり、空洞《くうどう》になっていることです。

「欠」は、人が大きな口を開けている姿でした。「虚」も空洞になっていることだとすれば、口、喉が空いて、息がスースー、ヒーヒーと吸ったり吐いたりして出ていくことを表す漢字だということがわかります。

「歔く」とは、大きな息を吐いたり吸ったりしながら、また身体をねじ曲げながら激しく泣くことを表すものなのです。

29 歹（歺）

がつ
がつへん
かばね
かばねへん
いちた
いちたへん

部——バラバラになった骨や死体

■死 ＝ 死とは骨になること

人は死にます。いつか死にます。きっと死にます。

死なないと人ではありません。死んだら死人と呼ばれます。

さて、「死」とはどういうものなのでしょうか。死んだ人にしかわかりません。死んだ人と話したことがないから、やっぱり「死」とはどういうものなのかわかりません。わからないからいいのかもしれません。

でも、古代の中国人が「死」をどのようなものだと考えていたのか、漢字から少し推測することはできます。

それは、「骨になってしまう」ということです。

「死」の右側「匕」は、「人」の変形です。左側の「歹」は、旧字体では「歺」と書かれていました。バラバラになった死体の骨です。

じつは、漢字には三種類の「ほね」の書き分けがあります。

ひとつは「咼」で、関節をもちグルグル回るようになった部分の「ほね」です。

二つめは「骨」で、「肉月」がついていますからまだ肉を残した関節のある「ほね」です。

三つめが「歺」で、これは関節から外れた（本来なら関節に入っている部分の）「ほね」です。

もう肉もなくなり、もとあった関節からも取れてしまってボロボロ、バラバラになった骨……孔子は、『論語』(顔淵篇)で「死生は命にあり、富貴《ふうき》は天にあり(人の死生も富貴も天命によるもので、人力ではどうしようもないことだ)」といいました。

孔子が運命論者だったというわけではありませんが、孔子が、人にはどうしようもない「天」の力を信じていたということは確かでしょう。

それにしても、いつ「死」がやってくるのか、それがわからないことが「死」のいちばん怖いことですね。

■殆 ＝ 今の政に従う者はあやうし

この漢字は、訓読みでは「あやうい」と「ほとんど」の二つの読み方があります。すでに記したように左側の「歹(歺)」は、ボロボロになった骨でした。そうであれば右側の「台」の意味がわかれば、「殆」の意味もわかります。

「台」の「厶」は、土を叩《たた》いて、平らにするための道具を描いた象形文字です。トントンと大きな重しで土をならして、建物の土台をつくります。

「口」は、ならしていく「大地」という説もあり、また「口」で人々が騒いでガヤガヤとしているのを「まぁまぁ」といいながら鎮《しず》めていくという説もありますが、とにかく、土地にしても人にしても「平らに」「平静に」「平安に」ということを表します。

「政治」の「治」は「水のように姿を自在に変える社会の変化を、なんとか平静にしようとするための対策」という意味の言葉なのです。

さて、「台」に「歹（歺）」がつくと、どうなるのでしょうか。

『論語』（微子《びし》篇）で狂人のまねをしている隠者が、「今の政《まつりごと》に従う者は、殆《あやう》し（現在の政治にたずさわる人たちは、まもなくどうしようもない状態になってしまうだろう）」と予言をしています。

じっさいにその予言が当たって、当時の政府は瓦解《がかい》し、戦国時代を迎えることになるのですが、「せっかく土台をつくろうとしてみても、それがボロボロの骨のようで、崩れてしまう」ということを表します。

また、「ほとんど」も「〜ない」と否定詞とともに使われるように「もう少しのところで、到達しない、うまくいかない」という「瓦解」「崩壊」を意味します。

「歹（歺）」がつく言葉は、いずれも脆《もろ》いこと、崩れ落ちることを表しています。

知らなくてもいい漢字にチャレンジ

■**殑**（コク・トク・カク）＝死に神を彷彿とさせる字

一瞥《いちべつ》すると、この漢字、なんだか「死に神」みたいな感じがしませんか？

黒い服を着て、触角みたいなものがついていて、人の死を嗅《か》ぎ分ける死に神。もしかしたら、そう感じるのはぼくだけかもしれませんが、なんだか、いやな感じのする漢字ではないでしょうか？

比叡山の高僧、元三大師《がんざんだいし》（九一二〜九八五）が鬼の姿になって疫病神を退散させたという「元三大師降魔《ごうま》札」というものがありますが（イラスト㊱）、ちょっとそのお札を思い浮かべてしまいます。

「歹」は、死んだ人の骨です。それでは「角」とは何でしょう。

この漢字はもともと、青銅でつくられた三本足の盃《さかずき》を描いた象形文字です。もっとも青銅器になる前に牛の「角《つの》」でつくられたコップだったと思われますが、角のような三角錐《すい》のものに足を二本つけて三点で支えるようになった盃です。

ただ、青銅にしても、牛の角にしても、とても尖《とが》って「へ」または「〉」状になっていることから、物が尖っていること、またその「すみ」を表す言葉として使われるようになりました。

さて、「⿰歹角」には、三つの意味があります。

一つめは、「野っ原にさらされたままに残される骨」

㊱

二つめは「死に臨んで恐れる様子」

三つめは「屍《しかばね》が、朽《く》ちないさま」

このうち、一つめと三つめは、意味がほとんど同じなのではないかと思います。動物の「歹（死体）」は骨が消えても、角だけは長く残っています。そうしたことからすれば「朽ちずに残っている」という意味もわかるような気がします。

さて、二つめの「死に臨んで恐れる様子」ですが、これこそ「死」を感じ取る「死に神」を連想させるような気がするのです。

「角」には「角を突き合わせる」「比べる」という意味もあります。「触角」とは、虫の頭などから出ているアンテナですが、異物をチョンチョン、ツンツンと触ったり突き合わせたりしながら、匂いなどを感じる器官です。

いまにも「歹（死体）」になろうとする人が、死に神に「お前はもうすぐ死ぬよ」と、ツンツンとされて、「歹になってしまう自分」に対して、恐れを感じているような気がするのです。

■殑（キョウ・ゴウ）＝もののけが出てくる！

むかし、「キョンシー」という両手を前に出して、ピョンピョン跳《は》ね回る死体の妖怪が主人公の映画がありました。

「克」は、上の部分が「人の大きな兜《かぶと》」、下の部分が「人の身体」で、「大きく重い物に押しつぶされるのに耐える人」を意味する漢字です。

それに「歹（死体）」がついているので、死んで固くなっている死体が、関節を動かせず、ピョンピョンと跳ねているように見えるのです。

さて、「殑」の意味は、何でしょう。

「もののけが出てくる」という意味です。まさに、妖怪、お化け、幽霊です。

死んでも、死に切れずに、この世に出てきて、ピョンピョン跳ねて出てくるような幽霊が現れるということを書いた漢字なのです。

30

殳

るまた
ほこづくり

部——動詞で使われる

■毅＝猪突猛進するつよさ

この字を書いて「つよし」「たけし」などと読む名前の方もいます。『論語』（子《し》路《ろ》篇）の「剛毅木訥《ごうきぼくとつ》、仁に近し（意志が強くしっかりしていて、飾り気がない人は、理想的な「仁」の人に近い）」を典拠にした「剛毅」などという名前も、以前はとても多くありました。

さて、「毅」は、「押しが強い」「力強く立っている」「ひとたび決意すると、何者にも邪《じゃ》魔《ま》されずに自分の道を進む」という意味の漢字です。こうした人になってもらいたいと思う両親、祖父母の願いが、男の子の名前にこうした漢字をつけさせたのだろうと思います。

それでは、「毅」のもともとの漢字の意味はどういうものだったのでしょうか。

部首の「殳」の「又」は、すでに書きましたが「手」です。上の「几」は、「羽」を指すのだといわれます。もともと「羽を手で持って、指図をする、合図をする」という意味だったのが、「〜する」「〜される」という動詞をつくる記号として使われます。

したがって、「殳」がつく漢字であれば、ほとんどの場合、これは「動詞」で使われる言葉なのだと思えば間違いありません。

そうであれば、この漢字の解読の鍵は左側にあります。

左側の漢字は「立」と「豖」でつくられていますが、これは、イノシシのたてがみが逆立って、突進することを表します。

「猪突《ちょとつ》猛進」という言葉がありますが、まさに「毅」は、人がイノシシのように目的のものに向かって「羽」を高く上げながら、「やるぞー！」と突進していっているところを表した字ではないかと思うのです。

■殿 ＝ 人が椅子に腰かける姿

スクワットをして臀筋《でんきん》を鍛えると痩せますよといわれて、ＮＨＫの番組の中で何十回も動作を教えてもらい、くり返したことがありました。

おかげで、ほんとうに痩せました。五キロくらい痩せて、お腹のぽっこりもなくなり、とっても元気になりました。

ところで、その番組にぼくが呼ばれたのは「臀筋」の「臀」に「殿」という漢字が書いてあるのはなぜか、また「殿」はもともとどういう意味か37を説明するためです。

「殿」の右側の「殳」は、「する、させる」の動詞を意味する記号であると書きました。

それでは左側の「尸」と「共」は？

「尸」は「よっこらしょ」っと人が腰かける姿勢を横から見て描いた象形文字です。また「共」は、腰をかけるための台（椅子）です。（イラスト37）

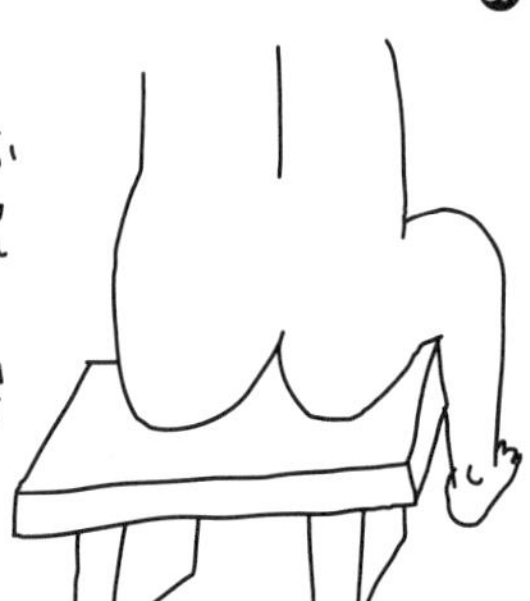

ゆっくり、どっこいしょと人が座ることを表しているのが「殿」という漢字なのです。

スクワットの動きは、ちょうど人が椅子に腰かけるのと同じです。そのとき使う「筋肉」なので「殿」に「肉月」を書いて「臀」としたのです。

お殿様は、デンと構えてきちんと座っていなければなりませんね！

知らなくてもいい漢字にチャレンジ

■ **㱿**（カク・コウ）＝高いものを横からたたく

「殴《なぐ》る」という言葉があります。「殳」は動詞を表す記号ですから「区」の意味がわかればこの漢字の意味はわかります。すでに「区」についても書きましたが、これは旧字体で「區」、「細かい区分、部分、仕切りのあること」を意味します。「殴」とは、何度も、身体中のいろいろな部分を、ポコポコ、ボコボコと殴ることを表します。

それでは「殴」から「敲」の意味を連想してみましょう。

「高」は、台地に建てた高い建物を描いた象形文字です。「高い建物」ということから「高い部分」、すなわち身体でいちばん高い「頭」を殴るという意味になります。それから高いものを殴ることから「横から殴る、横から叩く」という意味にもなります。

たとえば、玄関などの「戸」を「トントン」と、ゲンコツで自分の眼より高い位置でたたくことを、漢字で「敲く」と書きますが、この「敲」と「敲」は同じ漢字です。「攴」は「棒を持った手」を表しますが、「殳」や「攵」と同じで、「これは動詞」ということを意味します。

野球選手などがバット（棒）で横から振るのを、漢字で書けば「敲」あるいは「敲」となるのかもしれません。ただ、こう書くと、高めのボールにバットを当てているような感じにもなるかもしれません。

ちなみに「推敲」は、唐の詩人、賈島《かとう》（七七九頃〜八四三頃）が「李凝《りぎょう》の幽居に題す」という詩で、「僧推月下門（僧は推《お》す月下の門）」とすべきか、「僧敲月下門（僧は敲《たた》く月下の門）」とすべきか悩んだ、という故事にもとづくものです。

「敲く」としたほうがいいよ、とアドバイスをくれたのは韓愈《かんゆ》という著名な詩人でした。

■毇（キ・サク・ソク）＝臼に入れて精米する

辞書を引くと、「しらげる」と書いてあります。

「場が白ける」という意味ではありません。「臼《うす》」と「米」を、手でなにか「する」「させる」のです。

いまでは「無洗米」など家で洗う必要のないお米も売っていますが、日本でも明治時代までは「米」といえば「玄米」でした。「玄米」の「玄」は、「黒い」を意味します。色としての「ブラック」ではありませんが、光や艶《つや》のないものです。

ところが、日本酒を造るときと同じように、玄米の皮を削《そ》ぎ落として精米すると、お米は内側から光を発するように美しく輝きます。

こうした精米の作業をすることが、しらげる、すなわち「毇」なのです。

もちろん、一個一個の玄米を手で削いでいくわけではありません。「臼」に入れて、グルグル廻しながら一様に精米をしたのだと思います。だからこそ、この漢字には「臼」がついているのです。

肆

31

水（氵）

みず
したみず
さんずい

部――水や河川にまつわるもの

■永 ＝ 川の流れのようにながい

「永久に君を忘れない」とか「永遠の愛」とか、昔の歌謡曲、演歌には多くこんな言葉が使われていました。

「永」とは何を意味する漢字なのでしょうか。そのことがわかるためには、この漢字をちょっとジッと見てみるのがいいのではないかと思います。

何か見えてきましたか？

まず、「水」という漢字にそっくりだと思いませんか？

その上に「丶」がついています。「丶」に意味があるわけではないのですが、ぼくは、山の奥に湧《わ》く源流の一滴を思います。

「永」は、「川の流れ」を描いた象形文字なのです。

源流の一滴が集まって本流をつくり、さらに下流に向かって支流を集めながら海まで流れ落ちる、その「永さ」を表したものなのです。

ついでに「長」との違いについて記しておきましょう。

「長」は、「髪《かみ》」「髯《ひげ》」などでも使われるように、もともと髪の毛が長いことを表したものです。髪は「長」く、川は「永」い。

また、熟語で「長久」「永久」とありますが、漢字の意味から考えると、「長久」より「永久」のほうが「ながい」のかもしれません。

■求 ＝ 部首も原義も無関係になった

漢和辞典を引くとき、みなさんはどうやってお目当ての漢字を探しますか？

いまとなっては、電子辞書が便利、しかもタッチパネルに直接漢字を書いて認識してくれるようになったので、これがいちばん便利だという人も増えていますが、もし電子辞書がなかったら？

部首引き、音読み、訓読み、画数引き……どれがいちばん使いやすいですか？ あるいはどれがいちばん早く引けますか？

「求」を引く場合のことを考えてみてください。

この場合は、おそらく訓読みがいちばん早いのではないかと思います。画数だと指で書きながら、七画と数えなければなりません。

音引きで「キュウ」はあまりに多い漢字が出てきます。そして、「求」の部首なんて、まったくわかりません。

38

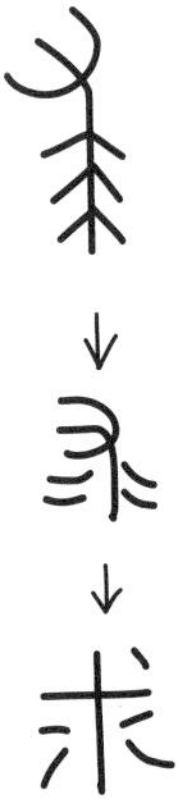

じっさい、訓で「もとめる」を探すと、あっという間に見つかります。

引いて見て、「え!? これ水偏の漢字だったのか」と、驚いてその「発見」を喜び、人に話すと忘れることはありません。

さてしかし、「求」が「水」と関係があるかというと、まったくそんなことはありません。「求」の形を見ると「水」に似たところがあるので、「水部（偏）」に入れられているだけなのです。

序でも述べましたが、「求」はもともと「狐の皮衣」を意味する漢字でした。

イラスト38のいちばん上のように、頭や手足もついている狐の毛皮を引っ張っているところを描いたものです。紀元前の中国では「狐の皮衣」は、とても高価な衣服として着用されていたようです。

まだ漢字創生の時代、「もとめる」という意味の漢字はありませんでした。ただ口語では「チュー」あるいは「キュー」といっていたのでしょう。「求」の発音と同じだというので、「もとめる」という意味の漢字として「求」を当て字で書いたのです。「仮借《かしゃ》」と呼ばれる漢字の用法のひとつです。

ちなみに「求」が、形の相似《そうじ》から「水」部に分類されたのは、『説文解字《せつもんかいじ》』がつくられた後漢中期、ちょうど紀元一〇〇年です。

碑文《ひぶん》などを見ていると、まさにこの頃になって、「水」に似た形で、「求」が書かれるようになったことがうなずけるのです。

知らなくてもいい漢字にチャレンジ

■涊（デン・ジン）＝べとべと噴き出すもの

前漢の紀元前一四一年、武帝《ぶてい》は、帝位に即《つ》くとまもなく、すでに美文家として知られていた枚乗《ばいじょう》（生没年不詳）を長安に呼びました。臣下としてそばにおくためです。

残念ながら、枚乗は長安にたどり着く途中で病死してしまいますが、現在も『文選《もんぜん》』という本に、名文「七発《しちはつ》」を読むことができます。

その中に枚乗は、「涊然汗出」と書いているのです。

そして、注に「涊は、汗が急に噴き出ること」とあります。

「氵」は汗なのでわかりますが、「忍（の旧字体）」とは何を意味するのでしょうか。日本語の「忍」は「人目に目立たないようにする」などの意味がありますが、漢語では「つらいことを粘り強くもちこたえること」を意味します。

そうであれば、「涊」は、それまで身体の内側に溜め込まれていた汗が、一気に噴き出すことでしょう。

ただ、もうひとつ、同じく『文選』に収録される潘岳《はんがく》（二四七～三〇〇）の「文賦《ぶんのふ》」には、「淟涊而不鮮（淟涊にして鮮やかならず）」という文章が見えます。そして、注には「淟涊とは、垢《あか》で汚れていること」と書かれています。

「淟」は「汚れる」「濁《にご》る」という意味の漢字です。だとすれば、汗がいっぱい出てべとべとと汚くなっているということを表すのではないかと考えられます。

つらいことに長いあいだ耐えていると、精神的にも参ってしまいます。「淟涊」となる前に、温泉に入って、心も身体ものんびりさせるということもいいのではないかと思います。

■涎（テイ・ジョウ・テン・デン）＝よだれとは別物

「涎《よだれ》」とは違います！「朝廷」の「廷」に「氵」です。

意味は「美しい」「艶《あで》やかであること」で、まったく「涎」とは異なります。

さて、「延」と「廷」の違いは何なのでしょうか。

「延」は、「止」が「足」、「丿」が「ダラダラと長く伸びること」「廴」が「引いて伸ばすこと」です。これに「氵」がついて、ダラーッと流れる牛のよだれのようなものを表します。

それに対して「廷」は「人がまっすぐに立っていること」、「廴」は「広く平らに伸びた敷地」を表し、ここから「百官が朝《ちょう》する（参内《さんだい》する）広い大きな中央の役所」を意味するようになったのです。

これに「氵」がつくと、「滴《したた》るような、ピンと背筋が伸びるような美しさ、艶やかさ」を表す漢字になるのです。

ちょっと、緊張で背中に冷たい汗がツーッと流れるような感じがしますが、それだからでしょうか「流れが冷たい」という意味でも使われます。

32

火（灬）

ひ
ひへん
れっか
れんが
よつてん
よってん

部——火や燃え上がるほのお

■災 ＝ 火にまつわる天災のイメージ

気候変動による暑さのため、フランスではもはやおいしいワインをつくるためのブドウができなくなってしまったと聞きます。国家的規模の災難だと、フランスでは大変な問題です。日本でいいお米がつくれなくなったために、日本酒がつくれなくなったというのと同じことなのですから、大変です。

さて、「災難」と書きましたが、これはもともとどういう意味の熟語なのでしょうか。まず、「災」という字について記したいと思います。

「火」は「炎が盛んに燃える様子」を描いた象形文字です。この上に「巛」と描かれていますが、これは川の流れが急に変化していること、また川の流れが堰《せ》き止められていることを表します。

はたして「山火事などで、それまで順調だった成長が食い止められ、大きな変化を余儀《よぎ》なくされること」を意味します。

それでは、「災難」の「難」は？

「隹」は、「雀」などにも使われるように「小鳥」を意味します。そして、いまの漢字ではもう見えなくなってしまいましたが、じつは左側の部分には、「火」が隠されています。甲骨文字を見ると、左側に動物を火であぶっている形がはっきり見えるのです（イラスト㊴）。

そうであれば「災難」とは、「大火によってそれまで順調だった生活が変化を余儀なくされ、また小鳥が火あぶりにされるようなつらい状態になること」となるでしょう。

十年ほど前まで、フランスはどんなに暑い夏でも、夕方には涼しくなる気候で、とっても過ごしやすいところでした。クーラーなどもつけてある家などほとんどありませんでした。ところが近年、熱中症で亡くなる方が急増しています。

暑すぎてワインもできず、熱中症にも用心しないといけないとは、これは文字どおり「災難」というにぴったりの熟語ではないかと思うのです。

地球温暖化対策の「パリ協定」によって、この暑さがおさまることを願うばかりです。

㊴

■点＝「点」と「點」

推理小説作家・松本清張《まつもとせいちょう》（一九〇九〜九二）の名作のひとつに『点と線』（光文社、一九五八年刊）があります。「息もつかせぬ探偵小説」とニューヨーク・タイムスの書評が褒《ほ》めたほどで、映画化、テレビドラマ化などされ、清張の名を世界に轟《とどろ》かせたものでした。

現在、北九州市小倉《こくら》北区の松本清張記念館に所蔵される自筆原稿のタイトルには「点と線」と書いてありますが、「点」は旧字体では「點」と書かれていました。

第二次世界大戦後、連合国最高司令官総司令部（ＧＨＱ）の占領政策である国語国字改革にともない、「当用漢字」が発表されたのは昭和二十一（一九四六）年十一月五日のことでした。松本清張はこのとき、すでに三十七歳、朝日新聞西部本社に勤めており、作家デビューまではまだ五年を待たなければなりません。

ぼくが気になるのは、すでに三十七歳まで旧字体で慣れ親しんだ人が、新字体で書くことに抵抗がなかったのかということです。

いまでも、日本語は伝統的な旧字体、旧仮名づかいで書くべきだと考える人がいますが、その是非《ぜひ》はともかくとして、松本清張の旧字体、新字体に対する意識というものがどうだったのかと思いを馳《は》せるのです。

さて、新字体の「点」は、現在の漢和辞典では、「灬（火）」に分類されています。ところが、旧字体での分類では「黒」部にあります。

旧字体と新字体では、なんと部首にも違いがあるのです。

「黒」と「占」で「点」を意味する「點」とはいったい何なのでしょうか。

じつは、「占って、特定の箇所を選んで決め、そこに黒い点を打つこと」なのです。

「黒」は下の部分は「火」、上は「煙突」を描いたものです。物を燃やすことによって出る「煤《すす》」からできた顔料が「黒」です。

容疑者の犯罪容疑が濃厚であることを「クロ」といったりしますが、これは、犯人とおぼしき容疑者を、黒くマークすることでもあったのです。

東京駅一三番線プラットフォームと一五番線プラットフォームの間にできる、わずか四分の空白に浮かびあがる、一組の男女が夜行列車「あさかぜ」に乗る姿……その一点からはじまるミステリー『点と線』。何度読んでもおもしろいなぁと思うのです。

もともとは『縄《なわ》』というタイトルで書かれたものだったと聞きますが、『縄』ではあまりにも泥くさい感じがしてしまいます。

知らなくてもいい漢字にチャレンジ

■炅（ケイ・キョウ）＝人体の元気の源！

「お日様」と「火」が一緒に書いてある！

これは「あかるい」という意味に決まっていると思う方も少なくないのではないかと思います。もちろん、そういう意味もあります。

ですが、想像すらできない意味ももつ漢字なのです。

そのひとつが「人の身体の中に宿る元気の源《みなもと》」という意味です。

明代末期から清朝初期の張自烈《ちょうじれつ》（一五九七〜一六七三）が書いた『正字通《せいじつう》』という字書には、ある神仙術の本を引用して、この漢字の意味を記しています。

「『炅炅《けいけい》』とは人の身体の元気の源である。形としては見えない『真の火』も備わっているが、その見える部分は『亢陽《こうよう》』と呼ばれる。『火』の気が若いときに『気』を生じさせ、『火』の気が盛んになると『気』を食うようになる。この漢字『日』は『太陽』で、その下でほとんど見ることができない『真の火』を表すために、『太陽』の下に、『火』の字が書かれているのである」

道教の神仙術の本などを見ていると、見たこともない漢字や、その道の人ならではの漢字の解釈などがいっぱいです。これもそのひとつなのかもしれません。

もうひとつ、変な意味があります。

「煙が出るところ」というものです。

これだと、上にある「日」は、「子曰く」の「曰」を書くのがいいのかもしれません。下に「火」があって、何かが燃えて、人が言葉を話すように、煙がモクモクと出ているということを表しているように見えるからです。

33 犬（犭）部——犬がけものの代表

いぬ
いぬへん
けものへん

■狆＝犬と猫の中間サイズ

ちょっと不思議な漢字を紹介しましょう。「犭」は、「犬」が変形してできたものです。

「狆」は「犬のチン」だろうとだけ思わないでください。中国では「狆」は「犬のチン」

を表しません。

『大漢和辞典』によれば『説蛮』という本に、「狆」は、中国南方の「貴州《きしゅう》、雲南《うんなん》地方に住む蛮族《ばんぞく》の名前」と記されています。

狆族の人たちは、「絹を首に巻いて、靴を履いて、高床式の住居に住む。女性は機織《はた》りに勤《いそ》しみ、青い布で髪を束ね帽子のように頭を覆う。大きな襞《ひだ》のあるスカートを穿《は》き、青い布の重ね着を身につける」のだそうです。

フェルメールの「青いターバンの少女（真珠の耳飾りの少女）」を思い浮かべてしまいました！

少数民族のことをどうして「犭」に「中」と書くのかはわかりませんが、「狆」は、中国では犬の種類をいう漢字ではないのです。

「狆」を犬の種類の名前にしたのは、江戸時代、徳川綱吉《とくがわつなよし》（在職一六八〇～一七〇九）の頃の日本人です。彼らが「狆族」を表す漢字として「狆」が中国で使われていることを知っていたのかどうかは不明です。たぶん、知らなかったのだろうと思われます。

聖武《しょうむ》天皇の天平《てんぴょう》四（七三二）年夏五月、新羅《しらぎ》より、中国の「蜀《しょく》（現・四川《しせん》省）」に産する「蜀狗」が献上されました（『続日本紀《しょくにほんぎ》』）。「狗」は「ちいさな犬」を意味します。

もちろん、献上された「蜀狗」は一匹ではありません。こういう場合は、必ず雌雄《しゆう》一対の「つがい」です。

以来、何度か「蜀狗」が日本に献上、輸入されることになりますが、とくに宮中や大奥で「ちいさいいぬ」→「ちいさいぬ」→「ちさいぬ」→「ちぬ」→「ちん」と呼ばれるようになったといわれています。

そして、漢字で書くのに、犬と猫の「中間」くらいの大きさだからと、「狆」という和製漢字（国字）がつくられたらしいのです。

日本で繁殖《はんしょく》した狆は、一八五三年にアメリカからペリーが来航したおりに持って帰られ、イギリスのビクトリア女王に献上されることになります。

いま、聖武天皇の時代からあった日本の古い「狆」は、洋犬の人気に押されて、血統が絶えつつあるのだそうです。

■狂 ＝ 我を忘れて獣のように暴れまわる

『狂人日記』という魯迅《ろじん》が書いた小説があります。

恐ろしいことですが、じつは一九五〇年代まで、中国には人肉を食べるという文化があったといわれます。小説では、まわりのみんなが、精神を病んだ自分を、殺すかあるいは自殺させて、食べようとしているのだという恐怖が克明《こくめい》に描かれています。神経過敏な精神疾患の患者を描いた作品といっていいのかもしれません。

しかし、これはもちろん表面的な解釈で、魯迅が描こうとしたのは、清朝という絶対的権力によって統治されてきた人民が、ヨーロッパの近代的「自由」を得ることができた一人の男を、伝統的価値観にとどめおこうとして、「狂人」として扱っているのではないかという、「時代」に対する問題提起だったのです。

そうであれば、本当はどちらが狂っているのか……。日本に留学して、自ら中国人の精神を覚醒《かくせい》させるようにしなければならないと自覚した魯迅の名作のひとつです。

さて、「狂人」とは、「狂った人」なのでしょうが、漢字の「狂」は、本来どのような意味なのでしょうか。

「王」は、「天地人」を表す横線三本を貫いて統治している人を表しますが、「犭」がつくと、獣《けもの》のように、天地人のいずれをも省《かえり》みず、我《われ》を忘れて暴れまわることを意味します。

他人が自分を殺して食べようとしているという強迫観念に心がとらわれて暴れ回るのは、もちろん「狂人」でしょう。

ですが、「伝統」「慣習」などという古い価値観に縛《しば》られて、新しいものを認めないというのもある意味、「狂人」といっていいのかもしれません。

変幻自在な自由な精神というのが、いいですね！

知らなくてもいい漢字にチャレンジ

■狧（トウ・ジ）＝犬だけをいい、猫はいわない

ゴールデンレトリバーを飼っている友人のところにいくと、息を切らしてやってきて、舌で顔中、ベロベロと舐《な》められてしまいます。

やめろといって逃げても、追いかけてきて、とにかくベロベロ舐めるのです。ぼくのことが大好きらしいのです。ぼくは、犬より猫のほうが好きですが。

さて、「狧」は、「犬が舌を使って物を食べる」という意味の漢字です（イラスト㊵）。「犭」と「舌」だから、いわれるとそうかとすぐに納得してしまいます。

でも、「舌」はどうやってつくられた漢字なのでしょうか。

「口」があって、その上についているのは人の「べろ」がだらりと垂れ下がっていることを描いた象形文字です。そう考えると、「狧」は、「べろりと舌を垂らした犬」という意味にもなるのではないかと思いますが、いまのところ、字書にそういう説明を見つけることはできません。

㊵

また、「猫が舌を使って物を食べる」という漢字も見つけることができません。どなたか、ご存じだったら教えてほしいと思います。

■獶（ドウ・ノウ）＝憂いを抱えた犬？

「優しい」というのは、「憂《うれ》いをたくさん抱えた人」という意味なんだよ、と武田《たけだ》鉄矢《てつや》さんがドラマ『3年B組金八先生』でいっていたのを覚えている方も少なくないのではないかと思います。

それでは、「憂」とはなんでしょうか。

さて、「憂」という漢字のいちばん上の部分にある「頁」は「頭」を表し、頭のなかが考え事でいっぱいだということを表します。

また、真ん中の「冖」と「心」で「心が塞《ふさ》がっていること」。

そして「夂」は、「足が絡《から》まって動けなくなってしまっていること」です。

合わせてみると、「心が塞がり、頭がいっぱいで、足が動かず先に進むことすらできないこと」という意味になるでしょう。

こういう意味の「憂」に、「犭（犬）」がつくとどんな意味になるのでしょうか。

中国六朝《りくちょう》時代の字書『玉篇《ぎょくへん》』には「犬が驚く様子」と説明してあります。

犬も、ときどき変な虫や動物と遭遇《そうぐう》すると、驚いて跳《は》ねたりすることがありますが、もしかしたらそんなとき、彼らは「憂」の状態にあるのかもしれませんね。

34 玉（王） たま たまへん おう おうへん 部── 玉にまつわるもの

■玉＝単なる石ではないその理由

北京《ペキン》に学生三十人ほどを引率して語学研修にいったときのことです。ガイドさんが、北京の中心にある繁華街、王府井《ワンフーチン》の「玉《ぎょく》」を売る店に連れていってくれました。「こんな石が、百万円？」「こっちは五千万円！」と、「玉」を見て騒いでいます。日本でいえば翡翠《ひすい》でしょうか、これも玉のひとつです。

翡翠もそうですが、石といえば石なのですが、中国人にとっては、「玉」は「魂《たましい》」みたいなものなのです。

ぼくもひとつ小さな玉を見せてもらって、「手に取ってみなさいよ」と店員からいわれて見ていたら……しまった！　手から落ちてガラスケースの上にポロリ。

するると、蟻《あり》のように店員たちが集まってくる。ついには店長が現れ、「調べさせてもらう！」とのこと。

薄い翡翠の玉には、ヒビが入っているとのこと。これはもう売り物にならないから買ってもらわないといけない……と、店長が凄《すご》んだのでした。

ま、どうしようもありません。いまでもぼくのところにありますが、それ以来、決して、どんなお店でも、割れる物を手に取ることはやめました。

さて、「玉」は、もともとは「王」と書かれていました。大理石のように固い石を彫刻したものを描いた象形文字です。

「丶」は何なのかとよく訊かれます。「丶」は「王」と区別するためにつけられた目印で、とくに意味はありません。

ところで、「玉」は日本語では「たま」と読みますが、これは「魂」の「たま」と無関係ではありません。

中国でヒビを入れてしまった玉ですが、中国人の友人に「ぼくはいらないからあげるよ」といったのです。すると、驚いて「そんなものは、もらえません！」と顔を赤らめていうのです。

なぜかと訊《き》くと、「玉をもらうということは、つまりあなたから魂をもらって、結婚するということだから！」というのです。

「まさか！」とは思いますが、「玉」にはこんな深い意味があるのです。

■珍＝「ワドウカイチン」か「ワドウカイホウ」か

秩父《ちちぶ》の山奥から「和銅」が産出した！　という朗報とともに、慶雲《けいうん》五（七〇八）年一月十一日に「和《わ》銅《どう》元年」と改元がなされました。女帝・元明《げんめい》天皇の時代です。

同年五月には、まもなく「和同開珎」という貨幣が、鋳造《ちゅうぞう》されることになるのですが……（イラスト41）。

さて、これをいまの日本史では「ワドウカイチン」と読むと教えます。

しかし、そんなはずはありません。これは「ワドウカイホウ」と読みます。それはなぜか。

まず、「銅」を「同」と略して鋳造しなければならなかったほど、当時のわが国の鋳造技術が進んでいなかったことがひとつの

41

理由です。

「宝」は旧字体で「寶」と書かれます。「宀」と「貝」に挟まれているところをよく見てみてください。「珎」とあります。「寶」のこの部分だけを取り出したので「ホウ」と読みます。

「寶」と「珍」は、言語学的にいえば、二重語と呼ばれる関係にあります。「宝」だから「珍しい」、「珍しい」から「宝」と、この二つの漢字は同じ意味をもっています。

いまでこそ「寶」は「ホウ」、「珍」は「チン」と漢字の形から異なる発音で読まれますが、「寶」の真ん中の部分から出てきた「珎」と「珍」は、形もよく似ています。「珎」の隷書《れいしょ》体が行書《ぎょうしょ》体になるときに生まれたのが「珍」という漢字なのです。書道史の専門用語でいうと、「隷変」と呼ばれます。

歴史の教科書は時代とともに変わっていきます。鎌倉幕府の成立も、われわれは「一一九二（いいくに）創ろう鎌倉幕府」と覚えましたが、いまは「一一八五（いいはこ）創ろう」に変わってしまいました。

ぜひ、「和同開珎」の読み方も「ワドウカイホウ」に変えてもらいたいと思います。

■璘（リン）＝たくさん連なった光

「王」偏で書かれていますが、この「王」は「玉」で解釈しなければなりません。

さて「隣」などでも使われる「米」と「舛」ですが、これは「米」が「光を放っていること」、「舛」は「連なっていること」を表します。

「隣」とは、それぞれの家の光（竈《かまど》）が連なって見える、土壁で取り囲まれた集落を表します。

これがわかると「璘」の解釈も簡単でしょう。「たくさん連なった光を放つ宝石」です。ただ「璘籍《りんせき》」という熟語があります。これは、蚕《かいこ》を入れておく箱なのだそうです。蚕がつくる絹の糸は、連なる光を放ちますが、まさか蚕を入れる箱に特別な言葉があるとは思いもよりませんでした。

わが国の皇室でも、皇后は歴代、蚕の世話をしていらっしゃいますが、「璘籍」と呼ぶ箱をお使いなのでしょうか？

■璗（トウ）＝ゴールドの美しさ

金（ゴールド）は、希少なことに魅力があって人が心惹《ひ》かれるのでしょうか。それともあの色、あの手触りに魅力があるのでしょうか。

古代中国では、「玉」が「魂」を表すといって、人が亡くなると玉でつくった蟬《せみ》を人の喉《のど》の奥に入れ、復活を願いました。蟬は、地中に数年いて地上に現れるからという思想です。

でも、「玉」に次いで大切にされたのが「金」です。

殷周《いんしゅう》時代（紀元前二〇〇〇年頃）から、すでに刀の飾り、馬具などにも金が使われています。

さて、「盪」は、「玉」がお湯の中に入っているような印象を受けるような漢字ですが、「湯」は「ホットウォーター」を意味しているものではありません。これは「とろける」ということを表します。

「氵」の右側は「太陽」の「陽」の右側と同じで、勢いよく内側から力が外に向かって発せられることを意味します。「氵」は、それが液体であることを表しますが、「金」のもつ美しさが、溶かしてもなお変化しないこと、また「玉」のように貴重なものであることを表します。

『説文解字』には、金の中でもさらに美しいものを「盪」というと記されています。

35 田 たへん《た》部── 田畑や耕作地など

■留 ＝ 留年はいいものです

ぼくは大学のときに、二年間留年しました。三年生が終わるまで、まったく大学の授業に行かなかったからです。四年生になって親から進路を訊かれ、「大学院に進むつもりだから」と答え、それから学部の単位を三年かけて取得したのでした。

留年はいいものです。三年間、好きなだけ好きなことをさせてもらいました。

さて、「留年」は、訓読すると「留まる年」あるいは「年を留める」「年に留まる」などと読めますが、いったいどういう意味なのでしょうか。

「留」は、「畑」を表す「田」と、観音開き（真ん中で閉じるようになっている左右の扉がある）の「戸」を二つ描いた象形文字を合成してつくられています。『説文解字』によれば、「戸」は、途中で開くでもなく、閉じるでもなく、中間に「とどまっている」ことを表していると記されています。

ここから「畑での作業が、途中でストップしていること」を意味するようになりました。「留守」という言葉は、現代日本語では、「どこかへ出かけること」を意味しますが、中国でも日本でも、古くは「朝廷の行幸、将軍の出陣などで、中央の政務が途中になっているのを、そのままの状態で守っておくこと」を意味しました。

だとすれば、「留年」とは、「各年次での修学が途中になっていること」を意味するのでしょう。

大学院の入学は決まっているのに、学部の単位が取得できず、またもしかしたら一年留年か！　という悪夢を見ることはなくなりましたが、教員になってもまだ自分は留年したままのような気分が抜けきれないのです。

■畏　＝　おそれ多いダイダラボッチ

「田」という部首には「畑」や「田んぼ」を表す意味も表す漢字もありますが、「大きな頭」を表すこともあります。

「異」の「田」も「大きな頭」で、「異」は、両手で頭を抱えるようにして、別の人の頭(顔)とは「異なっている」「違っている」ことを意味します。

さて、「おそれ」という言葉は、漢字で「恐れ」「怖れ」「畏れ」などと書くことができますが、「畏れ」とはどんなことをいうのでしょうか。

これは、通常の人間の知覚では感じ取ることができないものに対する「おそれ」を意味します。未確認飛行物体、宇宙人、幽霊、狐憑《つ》きなど、古代、人々は自然が起こすあらゆる現象に、驚き、おそれを抱いていたにちがいありません。

そうした「おそれ」を、漢字で「畏」と書いたのです。

人より何百倍も大きな頭をもっていることを表すのが、「畏」の「田」です。下の部分は、その大男が手に大きな棒を持っていることを描いたものです。

日本では、「ダイダラボッチ」と呼ばれたりします。

ダイダラボッチは、一晩のうちに山を動かしたり、橋をどこかへ持っていったりするほどの力をもっているのです。

「畏怖」には、こうした人智では計り知れない力をもった物、あるいは人に抱く「おそれ」の感情があります。

徳を積んだ高貴な人などに会うと、その人の神秘的なオーラを感じて近寄りがたく感じることがあります。「畏《い》怖《ふ》の念を抱く」というのは、まさにそうしたことをいうのです。

■畽（トン・タン・トウ）＝動物の足跡が入っている

イノシシ、クマ、シカなどによる農作物の被害がとても増えていると聞きます。ぼくも、一度、九州の実家に帰ったとき、イノシシが「ブヒブヒ」と鼻息を立てながら、畑を荒らしていたのを見たことがありました。

さて、「畏」は「田」が大きな頭を表していると記しましたが、「田」にはもうひとつ、「動物の足跡」を表す記号として使われる用法があります。

「畽」は、『説文解字』には「獣《けもの》の足跡」と説明されています。「重」の部分は「童」と書く場合もあると『説文解字』に記されていますが、「重」と「童」は、もともとは同じものが少しだけ変化したもので、地面に直角に力が込められることを意味します。

そうであれば、イノシシやクマ、シカ、トラなどが体重をかけて地面に足を置くことが「重（童）」であることもわかります。

そして、その足跡が「田」みたいな形になっているのも、動物の足跡などを思い浮かべ

42

てみると、なるほどと納得できそうです（イラスト㊷）。

■畬（シャ・ヨ）＝東京の難読地名にみられる

東京都町田市相原町《あいはらまち》に「字作ケ畬」というところがあります。「字」は「あざ」で集落を意味しますが、その後はどう読みますか？

「さくがあらく」です。「畬」という漢字も見たことがない、「あらく」という日本語も聞いたことがないという人がほとんどなのではないかと思います。

「あらく」とは「あらき」と同じで「新墾《あらき》」をいう言葉なのです。八世紀初頭に書かれた『豊後風土記《ぶんごふどき》』や、同じく八世紀後半に編纂《へんさん》された『万葉集』にも見える和語で「新たに開墾《かいこん》された土地」また「新たに開墾すること」をいいます。

そして、漢字一字では「畬」と書きます。

『説文解字』には、開墾して二年か三年を経た田（畑）と書かれています。

どうしてこういう意味になるのかというと、それは「余」という漢字を見ればわかります。

「余」の上の部分、三角と一本の縦線になっているところは、スコップを描いた象形文字です。これに「八」がついて「広げる」ことを意味します。

つまり、スコップを使って土地を広げていくことを表すのです。そうしてつくられた土地が「田んぼ」や「畑」になるというので、「田」がつけられています。

わが国にはこのような古い漢字や七、八世紀頃のことを伝える和語で名づけられた地名がところどころに残っています。

市町村合併などでこうした地名がなくなっていくのは、とても残念だと思うのです。

36

白

しろ
しろへん
はくへん

部——明らかに、はっきり

■皇 ＝ 古くは自のパーツを書いていた

自尊心の強い人っていますよね。最初に「皇帝」と名乗ったのは秦《しん》の始皇帝ですが、ものすごく自尊心の強い人だったのではないかと思います。

その証拠は、「皇」という漢字にあります。

じつは、「皇」は、いま「白」の下に「王」と書きますが、古くは「自」と「王」と書いていました。いつのまにか「自」が「白」に変わってしまったのです。

その変化の時代を特定することはできませんが、すでに秦の始皇帝の二十八（紀元前二一九）年には「皇」という字になっているのは確かです。始皇帝を称《たた》える刻石《こくせき》文のひとつで、時の宰相・李斯《りし》が書いたとされる「嶧山《えきざん》刻石」（ただし、現在のものは模刻）が存在し、すでに「白」と書かれています。

ただ、古い漢字の形を伝える『説文解字』には、「白」ではなく「自」とはっきり記されます。

イラスト㊸のように「自」は「鼻」を描いた象形文字で、「はじめ」を意味します。

「皇帝」とは、本来、「人類史上いちばん初めの王」を意味するものでした。これが秦の始皇帝が、紀元前二二一年に中国を統一した自分自身を「始皇帝」と呼んだ理由です。

ただ、その後、天子に就くとみな、自分を「皇帝」と呼ぶようになったのです。

自尊心が強くなければ、なかなか自分から「皇帝」と呼ぶことはできないのではないかと思います。

㊸

皆 ＝ 二人の人の動作

「皆さん、おいしく朝御飯、食べましたかー？」

「皆さん、こちらへ～！」

ツアー旅行に行くと、ガイドさんが、いつも「皆さん」をくり返してくれます。

さて、「皆」の上の部分についている「比」は、「人」という漢字を二つ並べたものです。

たとえば、「旅」という漢字がありますが、この字の左側の「方」は「旗」、またその右に見える「𠂉」は、旗がたなびいていることを表します。そして「𠂉」の下に書かれているのもそれぞれ「人」の変形で、二人の人が書かれています。

古代の「旅」は、現代のツアーのようなものではありませんでしたが、少なくとも一人で行くものではなかったのです。

実際、李白《りはく》や杜甫《とほ》も、「旅」とはいいながら、使用人が最低三十人はつき従っていたといわれます。

ところで「皆」の「白」は、何を意味するのでしょうか。

これは「人の動作」を表します。この「白」も前項と同じく、もとは「自」でした。

「晋」という漢字がありますが、これは旧字体では「晉」と書きました。上の部分は、弓で射た矢が二本、まっすぐに飛んでいくことを表します。そして下の「日」は、古くは「自」と書かれていました。これは、矢がまっすぐ飛ぶように自発的に進んでいくことを意味します。

「皆」の部首は「白」、「晋」の部首は「日」なのですが、じつはどちらも、もともとの部首は「自」……。こうしたことから、部首という漢字の分類方法があとからつくられたということがよくわかるのではないかと思います。

知らなくてもいい漢字にチャレンジ

■皛（キョウ・ハク）＝透明のようによくわかる

『論語』の冒頭に「学びて時に之を習う」という言葉があると先に書きました。

「習」は、「羽」と「白」でつくられていますが、もともと何を意味するのでしょうか。

「羽」は「鳥が羽ばたくこと」。「白」は「ホワイト」ではなく、中国古典では「透明」を意味します。これは、「習得」したことを、自家薬籠中《じかやくろうちゅう》の物として自由自在に使いこなせるようになることをいいます。

さて、それでは「白」を三つ書いた「皛」は、どんな意味の漢字なのでしょうか。

これは、「あきらかである」ことを表します。

『説文解字』には「24日部」の「㬎」と同じ字であると記されていますが、これは「顕」という漢字の古い字体で、「幺（微《かす》かにぼやけて見えないもの）」を「日（太陽の光）」と「灬（赤々と燃え上がる炎）」で照らして「明らかにして見る」ことを意味しています。

「白」は「透明」を意味すると記しましたが、「皛」は、透けて見えるように、物事がありありと明らかに見えることを意味する漢字なのです。

■⿰白麃（ヒョウ）＝長寿を祝う霊獣

「白鹿《はくしか》」というよく知られるお酒があります。寛文《かんぶん》二（一六六二）年に初代辰馬《たつうま》吉左《きちざ》衛《え》門《もん》が創業した兵庫県西宮市の日本酒メーカーで、なんと一本十万円という「超特撰 黒松白鹿 六光年 純米大吟醸《だいぎんじょう》（V－1000）」という銘柄もあるのだそうです。

「白鹿」というブランド名は、唐の鄭嵎《ていぐう》が書いた詩「津陽門詩」（『全唐詩』所収）の注に「漢の時代、宜春苑に現れた仙客《せんかく》・白鹿が唐になって再び現れた。これは長寿を祝う霊獣であるといって、皆でそれを愛《め》でた」という話に基づくといわれています。

また、唐代の詩人、李渤《りぼつ》は中国江西《こうせい》省の廬山《ろざん》に隠棲《いんせい》したとき、白鹿を飼っていたといわれ、ここに学校をつくったのが朱子《しゅし》で、「白鹿洞《はくろくどう》」と名づけたといわれます。

いずれにせよ、白い馬がいるように、白い鹿もいたのでしょう。そうであれば「白」と「鹿」を合わせた漢字があってもよさそうですが、この漢字には「灬」がついています。これは、「まったく混じりけの色がない純ホワイト」ということを表すためにつけられた記号です。

「皛」で「㬎」という漢字にふれましたが、「灬（赤々と燃え上がる炎）」で照らしてみても、どこにも他の色の毛が見えないということを表しているのです。この「皫」の漢字も「純白」を意味しています。

奈良に行くといっぱい鹿がいますが、あの中にときどき「白鹿」が産まれたりすることがあるのでしょうか？　競馬では、最近「ソダシ」という真っ白く光る白毛馬が話題になっています。

37

穴

あな
あなかんむり

部──ほらあなのイメージ

■空 ＝ 抜けるような青空

江戸時代後期、司馬江漢《しばこうかん》が描いた江戸の風景を見ていると、江戸の空はとっても広かったのだなぁと思います。

富士山はどこからでも見えたといいますし、二階以上の住居はないのですから、高台にある家の屋根や木に登ったりすると、青い空が大きく広がっているところを眺《なが》めることができただろうと思います。

「お天道様が見ているから、悪いことはできねぇぜ」と、江戸時代の人はよくいっていたと聞きますが、空が大きくあまりにもぽっかりあいていると、こんな言葉も自然に出てくるようになるのかもしれません。

さて、「空」は「穴」と「工」でつくられています。

「穴」は、横穴式住居の入り口を描いたものです。雨をしのぐことができる空間を表しているのが「宀」で、そこから中に住居としての穴が広く開いていることを示しているのが「八」です。

また「工」は、下の「一」が板、上の「丅」が錐《きり》やドリルなど「工具」を表します。木工細工をするときに使う工具ですが、「工」は、「穴を空ける」とか「突き抜ける」という意味でも使われます。

「空」の向こうにはいったい何があるんだろう……と古代の人たちは、きっとぽっかりと突き抜けた青い空を見ながら思ったにちがいありません。

ぼくもときどき、ぼーっとテラスに寝転んで空を見たりしますが、やたらに飛んでくる飛行機に、すぐに現実に引き戻されてしまいます。

■究 ＝ 究《きわ》めるための終わりのない川

研究って、いくらやっても終わりません。やればやるほど、まだまだやらないといけないこと、知らないといけないことが出てきます。

そういう意味では「研究」という熟語は、よくできているなぁと思うのです。

「研」は、訓で「とぐ」「みがく」と読みますが、これは「石（砥石《といし》）」を使って、「幵（平らにする）」ことを意味します。つまり角《かど》がないようにどこまでもなめらかにするということなのでしょうが、角、いい換えれば矛盾《むじゅん》や問題点がないところまで物事を証明したり説明したりするのは、とても大変です。

また「究」は、「穴」と「九」でつくられていますが、「穴」は、地中深いところ、「九」は「久」と同じ意味の漢字で、「クネクネと曲がりながらどこまでもつづく川」を描いた象形文字です（イラスト㊹）。

「究」は、「地中の源泉から湧き出る一滴一滴が集まって、どこまでいっても終わることがない」ことを意味するのです。

「研究」が、そんなものなのだと知っていれば、もしかしたら泥沼に入って出られなくなってしまうことを避けることができるのかもしれません。

㊹

穴のくぼみ
から湧き出す
水が川と
なって
流れて
行く

知らなくてもいい漢字にチャレンジ

■窋（チュツ・タツ）＝出そうで出てこないときに便利

使いそうでめったに使わない、あると邪魔《じゃま》だけど、ないとときどき困るというものがキッチン用品などにはけっこうあるような気がします。おろし器とか、すりこぎなどです。毎日使うわけではないけど、いざというときにどこに置いたかわからないと、困ってしまいます。

漢字も同じです。めったに使わないと、書いているときに、「え！　どう書くのだったかなぁ」とドキッとしてしまいます。

「喉《のど》まで出かかっているのに」と、口からなかなか出てこない言葉については、こうしたいい方をしますが、漢字の場合は「形はなんとなくわかっているのに、書けない」ということになるのでしょうか。

さて、こうしたいずれの場合にも使える便利な漢字があります。「窋」です。漢字のパーツを見ればわかります。「穴」と「出」で、「物が穴の中にある状態」、また「いままさに、穴から出てきそうなこと」という意味の漢字です。

ほとんど熟語もなく、中国の詩人でも難しい言葉を使うことで知られている唐の韓愈《かんゆ》が使ったくらいで、ほかに使用例もあまりありません。

めったに使うことはない漢字でしょうが、あると便利だなぁという感じがありませんか？　たとえば昔の流行歌の曲名が思い出せそうで出てこないときなど、「ちょっと窋《ちゅっ》してるんだけど」ということができますよ。

■窌（コウ・ロウ）＝ウサギではありません

ウサギをもらって飼っていたことがあります。ほわほわの白い毛で抱くと温かいし、口をモソモソさせながらニンジンを食べるところなどとってもかわいいですね。まだ幼稚園に行くか行かないかという子どもの頃のことです。

近所に住む、髯《ひげ》の長いおじいさんから「食べ頃になるまでよーく育てないとね」といわれて、怖くなって、ウサギを飼うのをやめたのでした。

ウサギは、「一羽、二羽」という数詞で数えます。耳が鳥の羽に似ているからというのが理由です。

そして、鳥を食べるのと同じように、古来、日本のみならず中国やヨーロッパでもウサギは食用肉のために飼育されていたのでした。

食べたこともあります。何もいわれずに食べると、鶏肉かと思います。淡泊《たんぱく》で、どんなソースにも合います。強《し》いて食べたいとは思いませんが。

さて、「穴」に「卯」と書いてあると、「ウサギが穴から出てきているところ」を表す漢字かなぁと思ったりしますが、そうではありません。

「卯」は「ウサギ」ではなく、「門」を無理矢理こじ開けていることを表します。

こうしたことから、「地面に掘ったあなぐら」などという意味でも使われますが、もうひとつ「穴の中に落ち込んでいくこと」から「どうしようもない深いかなしみに包まれる」という意味でも使われるようになりました。

あのとき、飼っていたウサギがどうなったのか知る由《よし》もありませんが、髯のおじいさんがウサギを殺して食べたのかもしれないと思うと、「窌」な気持ちになってしまうのです。

38 米 こめ こめへん 部──米や穀物にまつわるもの

■粋 ＝ 混じりけのないもの

「江戸の粋《いき》」といったりします。

哲学者、九鬼周造《くきしゅうぞう》の名著には『いきの研究』もありますが、「粋」とはいったいどういうものなのでしょうか。

ある人が「粋」とは「米」と「九十」と書くだろう、と解説をしているのを聞いたことがあります。「米は食べるものだが、籾殻《もみがら》や藁《わら》などは九十ほどの使い方がある。そんなふうに自分をフル活用して初めてわかるものだ」

なるほど、「粋」とはそういうものなのかもしれません。

関西のうどんに対して江戸のそば、という対比がされたりします。

うどんは出汁《だし》が決め手、油揚げが入っていればそれで完成。そばはつゆにつけて味を噛《か》み出さないとわからないといわれます。

さて、漢字の「粋」とは、はたしてどういうものなのでしょうか。

「粋」の「卆」の部分は、古くは「卒」と書きました。「卒」は、「衣《ころも》を着た子どもたち十人をひとつのグループにすること」を意味します。

「粋」は、これに「米」がついて「小さい米粒がそろって、混じりけのないもの」を表すのです。

そういえば、京都では「粹」を「いき」とはいわずに「すい」といいます。

京都の文化は純粋さを求めるもの、それに対して江戸の文化は茶化してぼやかして初めてわかるものを求めたものなのかもしれません。

■粲（サン）＝李白の言葉の美しさ

唐の詩人・李白は本当に美しいなぁと思う詩をいくつも残しています。
五言絶句「秋浦歌《しゅうほのうた》」第十五首の冒頭をあげてみましょう。「白髪三千丈」（一丈は約一八〇センチ）で有名な一句です。

白髪三千丈　白髪三千丈《はくはつさんぜんじょう》
縁愁似箇長　愁に縁《よ》りて、箇《かく》の似《ごと》く長《なが》し
不知明鏡裏　知らず、明鏡の裏《うち》
何処得秋霜　何《いず》れの処にか秋霜《しゅうそう》を得たる

なんとこのわが頭にある三千丈にも及ぶかと思われるほどの白髪は！
心に積もる愁いのために、こんなに長く伸びてしまったのだ。
それにしても、鏡に映るわが姿。
いつ、どこで、こんなに真っ白い、秋の霜の色になってしまったのだろう。

簡単な漢字を二十個並べて、これだけ深く大きなスケールのある詩を書けた人は、李白以外にはいません。それは、彼のイメージ力と言葉の力が、ピタリと合致していたからなのだと思います。

さて、李白のこうした言葉に対する意識を、当時の人は「李白粲花《さんか》之論」といって賞賛しました。「粲花」とは「白く、輝くように美しい花」という意味ですが、李白がちりばめる言葉の美しさをこんなふうに喩《たと》えたのです。

それでは「粲」の字源は何でしょう。

「歺」は「歹」でも書きましたが、「死」を意味します。「又」は「手」が変形したもので「～する、～させる」という動詞を表す記号として使われています。

「死んで真っ白い骨になっていく」ということなのですが、これに「米」がついて「搗《つ》いた米のように（精米したように）透明に内側から光が放たれるようになること」を表します。

「粲花」とは、スポットライトを当てて、焦点《しょうてん》をしぼって物事を見せるように、言葉で物事を説明することができる李白の才能をいうものなのです。

■糗（いりごめ・キュウ・ショウ）＝おいしそうな香りがしない字

「米」が「臭い（臭は臭の旧字体）」って、なんだか見るだけでも嫌な感じがします。

「臭」は、「犬」と、「鼻」のもとになった「自」からつくられていて、もともとは「いいニオイ」「悪いニオイ」にかかわらず、「香りがする」ことを表しました。

さて、みなさん、ごはんの「おこげ」、お好きでしょうか？

いい香りがしますね。

じつは、「糗」は、この「おこげ」を表す言葉なのです。古語では「かれいい」とか「いりごめ」「ほしいい」などと呼びました。

中国では、春秋時代（紀元前七七〇～前四〇三年）頃から「糗」が祭祀《さいし》や兵士たちの食糧として使われていました。保存食として欠かすことができないものだったのです。

もし、「おこげ」という意味で新しい漢字をつくるとしたら、ぜひ「米」偏に「薫」とかいかがでしょうか。

もちろん「米」に「香」でもかまいませんが、こう書くと「御香々《おこうこ》」が、おにぎりの横についているような感じになってしまいそうです。

■糴（かいよね・テキ・ジャク）＝どこで使われている字？

おどろいてしまいました！　なんと、この漢字、ＪＩＳ規格の漢字表に入っているのです。そして「入」の部分が、反対の「出」になっている「糶《ちょう》」という漢字もです！

いったい、だれがこんな漢字を使うというのでしょうか！

「糴」「糶」は、もちろんセットです。それぞれ、訓読みは「かいよね」と「うりよね」。

そういわれても、ピンとくる方は少ないと思いますが、イラスト㊺のように、「入」「出」がなく、「米」＋「翟」の漢字は「穀物」を意味します（この簡単な漢字は、ＪＩＳ規格には入っていません、これまた不思議！）。

訓読みの「〜よね」は「米」を「よね」と読むことからきているのです。

はたして「穀物」を「入れる」場合には「買った米」なので「かいよね」、「出る」場合は「売った米」なので「うりよね」というのです。

ぼくは、穀物の売買などまったく知らないことなのですが、もしかしたら、専門業者のあいだでは、「糴」「糶」は、穀物の売り買いでふつうに使われる漢字なのかもしれません。

もし、ご存じの方があれば、ぜひ、教えてくださいませ。

㊺

■糵（もやし・ゲツ・ケツ）＝もやしの面白うんちく話

「うち、もやし屋なの」という女性と会ったことがありました。「もやし」と聞くと、野菜炒めのもやしが頭に浮かびました。陽の当たらない地下室でいっぱいに大豆が芽吹いているようなところが家にあるんだろうなぁ……と。

ところが、次に会ったときに聞くと、なんと彼女の家は、お酒もつくっているとのこと。そして、「もやし」とは「麹菌《こうじきん》」あるいは「種麹《たねこうじ》」と呼ばれる「麹菌の素」の別名だと教えてくれたのです。

実家の創業は江戸時代初期までさかのぼるらしく、古い文献もいっぱいあると教えてくれました。

調べてみると、室町時代頃までわが国では「米もやし」と「麦もやし」の二種類が区別されていたらしく、米でつくった「もやし」は水飴《みずあめ》やお醤油《しょうゆ》に、麦でつくった「もやし」は、お酒の醸造《じょうぞう》に使われていたとのこと。

またいまわれわれが野菜炒めで食べる「もやし」は、室町時代末期から江戸時代初期に現れ「豆もやし」（『日葡《にっぽ》辞書』）と呼ばれていたそうです。

さて、漢字「糵」には豆もやしを含む「もやし」全般を表す意味もありますが、「米」

が書いてあることからすれば、とくに「米」からつくった「米もやし」を表すことが明らかです。

その上の部分はすでに「27 木部」の「蘖《ひこばえ》」で説明しましたが、バッサリと切られたところから草のように芽が出ているところを表します（イラスト46）。

すなわち、お米を発芽させ、そこに生まれる麹菌を「糵」と書いたものなのです。

漢字の解読は、昔からのいろいろな職業とも関係しています。もっといろいろな人から、たくさんのことを学びたいと思います。

46

39 言部――言葉をめぐるあれこれ

いう
げん
ごんべん
ことば

■許＝言葉によるネゴシエーション

ヨーロッパでは、コロナウイルスのワクチン接種証明書がないと、ホテル業には従事できない、映画やコンサート、スポーツ観戦、美術館や図書館への入場もできない、さらにはスーパーマーケットにも入店できない、なんてことになるのだそうです。

営業許可、入場許可に、接種証明書が必要なんて、この一連のコロナ禍《か》とは、いったい何なのだろうかと考えてしまいます。

ところで、「許可」、また「許」とはどういう意味の漢字なのでしょうか。

「言」は「言葉」です。「はっきりと発音された言葉」をいいます。

「音」は、なんだかよくわからない、理解できない、言葉にならない泣き声やわめき声などをいいます。

この違いはとても重要なので、覚えておいてください。

「許」の右側「午」は「うまどし」を表すわけではありません。

これは「餅《もち》つき」をするときに使う「杵《きね》」です。上下、左右に動かしながらお米を捏《こ》ねていく木製の棒です。

「許」というのは言偏がついていますが、言葉であれこれといって、餅を捏ねるように、相手とネゴシエーションをすることなのです。

また「可」とは、「〜するべき」などと日本語で訳されることが多い漢字ですが、もともとは「〜するにふさわしい」「〜するのがよい」という意味です。

そうであれば「許可」とは「交渉によって、その善し悪しに該当するか否《いな》かを決めること」ということになります。

細かな規則ができて、人の安全と自由が守られればいいのですが、「許可」を得るためには膨大《ぼうだい》な時間と労力が必要になる場合も少なくありません。

ぼくが大学生だった頃の昭和の時代は、もっと大らかだったような気がするのです。

■訳 ＝ 言い訳とはどういうこと？

高校のとき、先生から張り倒されたことがありました。理由は、起きられずに、ぼくが朝七時からはじまる夏期講習に出なかったからです。「起きられなかったから」というと、

「言い訳をするんじゃない!」といって殴《なぐ》られたのです。

「言い訳」なんてしていません。いまだったらきっと問題になったことでしょう。

さて、「言い訳」の「訳」とは、何でしょう。

「訳」は、旧字体では「譯」と書きます。「譯」の右側の意味がわかれば、それがなんだかわかると思います。

「駅」も旧字体では「驛」と書かれていましたが、さて、インスピレーションが湧《わ》きましたか?

「罒」は「次々と繋《つな》いでいく」ことを表します。「駅(驛)」はレールでつながれて、特定の場所で汽車や電車が止まるようにつくられた場所をいいます。昔は馬で物品を運んだため、「馬」偏がついています。

さて、それでは「言(言葉)」がつながっている「譯(訳)」とは何でしょうか。

「罒」は、「目」と「幸」でつくられています。

「幸」とは「罪人たちが手枷《てかせ》をされて、縄《なわ》でつながれていること」、そして彼らが恩赦《おんしゃ》などの特別な機会を得て、たまたま罪を逃れることができたラッキーさをいいます。

それでは「言」と「目」と「幸」から連想して「譯(訳)」という漢字の意味をひもといてください。

これは、罪ある人たちを一人ひとり目で確かめて、その一人ずつに、どういう罪状があるのかを言葉で説明していることを表しています。ここから、できる限り具体的に、わかるように説明するという意味になったのです。

こういうことからすれば「言い訳」とは、具体的なことを少なくとも二つ以上並べ立てて相手にわからせることをいうことになるでしょう（イラスト47）。

「起きられなかったから」のひとつの理由では、「言い訳」にはなっていないのです。

47

言い訳
ごめんなさい
バイトがあったのと
他にもレポートがふたつ
あったのと
の理由です

知らなくてもいい漢字にチャレンジ

■ ⿳日夫言（ハク・バク・ホウ・ボウ）＝大声で無実を訴える

「法」は社会にはなくてはならないものですが、古来「人が、本当に人を裁くことができるのか」などの議論がありました。

ところで、「法」は略体の漢字で、古くは「灋」と書かれていました。

これは、「廌」という神獣（川の洲《す》にいる一角獣）と「水」（公平の意味）と「去」を合わせた漢字です。

罪人を洲に連れていくと、本当にその罪人が罪を犯していたとしたら廌が、角で突き殺してくれる。罪を犯していなければ、そのまま何も人に危害を加えないので、洲から戻して自由にする。

ただ、一角獣はいつしかいなくなってしまいます。それと同時に人は「法」を整備していかなくてはならなくなったのです。

ところで、「譻」は、「大声で、無実の罪を訴える」という意味の漢字です。「言う」という意味の「曰（曰《いわ》く）」があり、下に「大通り」「みんなと一緒に」などの意味を表す「共」という漢字があり、その下に「言」があります。

高等裁判所などの前で、冤罪《えんざい》を弾劾《だんがい》している人たちのことが頭に浮かびませんか？

『説文解字』には、「大きな声で自分の無実を訴える」と書かれていますので、本人が法廷などで無実を主張している様子をいうのかもしれません。

『論語』（雍也《ようや》篇）に、孔子のこんな言葉があります。

「人の生や、直《なお》し。之れ罔《な》くして生きるや、幸《さいわ》いにして免《まぬ》がるるなり（素直に生きることが大切だ。素直さがなくて生きていられるのは、たまたま罪を逃れて生きているようなものである)」と。

人生は綱渡りのようなもの。ちょっとしたことで人生は変わってしまいます。素直に生きていくことが大切なのだろうと思います。

■讞(ゲツ・ゲン)=嫌に同化してしまった?

「嫌疑《けんぎ》」という言葉があります。「疑わしいこと」「犯罪の事実があるのではないかという疑い」という意味です。儒教の経典のひとつ『礼記《らいき》』に「嫌疑を決す」という言葉がありますので、相当古い言葉だということがわかります。

ただ、『史記』には「嫌疑」ではなく「讞疑《げんぎ》」と書かれています。「嫌」と「讞」は、中国語では古来同じ発音をする漢字です。

もしかしたら、いつのまにか、この二つの言葉は混同して使われるようになったのではないかと思われます。

「嫌疑」の「嫌」は、穀物の「禾《いね》」を二つ並べて、その善し悪しをあれこれと比べてみることを意味します。そうであれば、「嫌疑」とは、容疑者の疑わしい言動を比べて、それが真実か虚偽《きょぎ》かを判定するということになるでしょう。

「讞疑」の「讞」は、もともとは右側だけで、犬の肉を神前、あるいは目上の人に捧げるという意味でつくられた漢字でした。これに「言偏」がついて、上位の人に対して「裁きを願い出る」「罪状を諮問《しもん》する」という意味になりました。

「嫌」と「讞」のニュアンスの違いが、意図《いと》して使い分けられていたのかどうか、もう少し用例を探してみないとはっきりしたことはいえませんが、おそらく違う意味で使われていたのが、たまたま発音が同じだったので、慣用的な読みとして区別がされなくなってしまったのではないかと思われるのです。

40 貝《かい かいへん こがい》 部── 金銭や財産など

■貪 ＝ 貧と貪の違い

「貧すれば鈍す」といいます。「貧乏をすると、生活の苦しさから愚鈍《ぐどん》になってしまう」というのです。太宰治《だざいおさむ》は、これをもじって「貧すれば貪す」と書きました。「貧乏をすれば貪欲《どんよく》、欲深になってしまう」との意味です。さすが、苦労を重ねた天才の言葉遊びだと思います。

さて、「貧」と「貪」、形が似ているだけに、並べてみるとどちらが「ヒン」でどちらが「ドン」なのか、わかりにくいという人も少なくないのではないかと思います。

二つの違いを、うまくお伝えしましょう。

「貧」は「貝が分解されて、ボロボロになる」と覚えるといいと思います。「貝」は「財産」の「財」でも使われるように、価値があるものです。「分」は「八つ裂き」にされるように刀でバラバラになるまで切られ、裂かれていくことです。

播州赤穂《ばんしゅうあこう》（兵庫県）には「貧すれば緞子《どんす》の帯を売り」という諺《ことわざ》があったそうです。「緞子」とはとても高価な絹織物ですが、貧しくなればそんな大切なものも売らざるをえなくなります。所有しているものが「分解」されるようにバラバラになると考えると「分貝（解）」で「貧」と覚えやすいかもしれません。

それでは「貪」とは何でしょうか。

「今」という漢字は、「△」と「一」でつくられていますが、これはイラスト48のように

48

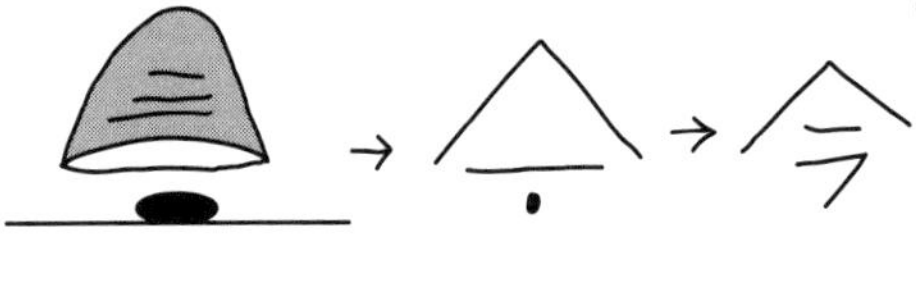

一点「●」の部分に蓋《ふた》をして閉じこめてしまうことです。

「貪」とは、つまり大局から物事を見ることができなくなり、「今」、眼前にある自分の私欲に埋没《まいぼつ》することをいうのです。

太宰治のすごいところは、「貧して貪す」ことによって、だれにも書けない境地に達することができたことでしょう。

■賀　＝心機一転のよろこび

お正月の挨拶《あいさつ》「あけましておめでとうございます」を、江戸時代の武士たちは「御慶《ぎょけい》」あるいは「御慶に存じます」といっていたそうです。

富くじ（江戸時代は「富突《とみつき》」といいました）に当たる町人・八五郎を主人公にした落語の演目にも『御慶』というものがあります。

ところで、年賀状に書く「賀正」とはどのような意味なのでしょうか。意味もわからず、年賀状に「賀正」と書いたりスタンプを押したりしている人も少なくないのではないかと思います。

「正」は「お正月」のことです。「一」に「止まる」と書きますが、「止」は「9 寸部」の「寺」に書いたように「人の足」です。「一」は、それがもう行き着くところまで行って、先に進まなくなる地点を表します。それで「最初に戻る」、つまり十二月まで行って、初めの一月からはじめましょうということを意味します。

「賀」は、「よろこぶ」と訓読みします。どのような「よろこび」かというと、「力」は背中や肩にお祝いの品を持っていくこと、「口」は「御慶」や「あけましておめでとう」など、お祝いの言葉を表します。

そうした「価値ある（貝）」物や言葉を、みんなに振りまきたくなるような「よろこび」です。

「賀正」とは「よし、一年を新たな気持ちではじめよう！」という心機一転のよろこびで、みんなに挨拶をしたり配り物をしたりすることを意味する言葉なのです。

知らなくてもいい漢字にチャレンジ

■[月+貧]（ヨウ・ショウ）＝もうお腹いっぱい！

中国の学会などに呼ばれていくと、山盛りの料理が次から次に出て、こんなに注文しなくてもよさそうなものだけど……と思うことがよくありました。

ところが、つい最近、こうした料理の出し方は環境破壊につながるということで禁止令が出たそうです。

コロナ禍が収束したら講演に来てくださいなどと誘いはあるものの、もう二度と、見るだけでおなかいっぱいになる盛りだくさんの料理に遭遇《そうぐう》することはないのかもしれません。

さて、宴会の途中でもわからないことがあると、そばにいる人に、どう書くの？ などといって質問をするのですが、「この余った料理をどうするの？」と訊いたことがありました。

すると、老師《ろうし》（先生のこと）は、「お弁当にして、まだぼくの研究室で仕事をしている学生に持って帰るんだよ」というのです。

そして「余った料理」を「賸菜《しょうさい》」というのだと教えてくれたのです。「賸」は「余った物、余分な物」、「菜」は「料理」です。

「賸」は「株価や物価などが急激に上昇すること」を意味する「暴騰《ぼうとう》」の「騰」によく似た形をしています。「馬」の部分が「貝」になっているだけの違いです。

「朕《ちん》」の「月」は「舟」の変形です。その右にあるのは、「手で持ち上げていること」を表します。つまり、「朕」は、舟を持ち上げる力、「浮力」です。そこから「騰」は、馬が跳《は》ね上がるように、大きく高く浮き上がることを表します。

それでは「価値ある物」を意味する「貝」が高く上がるというのは、何を意味するのでしょうか。まず、これは「増える」ことを表しました。そして、「増えすぎて余る」ことを意味するように転化します。

中国での学会の宴会にテーブルに運ばれてくる料理は、もう置き場がなくなると、料理が載っている皿の上にさらに、料理を置いていくようになって、余ってどうしようもない状態になってしまうのです。

「賸菜」とは、まさにこういうことをいうのだなぁと思うしかありません。

でも、「賸菜」という言葉を教えてくれた老師と一緒に、夜中一時頃、その研究室に寄せてもらうと、十人ほどの学生たちが、先生の帰りを待つように一生懸命、パソコンに入力したり、調べものをしたりしているのです。

「二十四時間、ここでは少なくとも五、六人が研究をしながら、共同生活をしています」と、老師はいいます。

夜九時以降研究室に残ってはいけない、学生を入れると息ができなくなるほどの小さな研究室……日本の研究の体制とは、いかに規模が異なることかと思ったのでした。

■賾（サク）＝物事の裏側も見つめる

『易経《えききょう》』（繋辞《けいじ》上）に「探賾索隠《たんさくさくいん》（賾を探り隠《いん》を索《もと》む）」という言葉があります。

「幽深で見難いものを探り、表面には現れない隠れた部分を索《もと》めること」を意味します。

インターネットの発達によって、私たちは日々、情報という名の現象に翻弄《ほんろう》され、「探賾索隠」を忘れつつあるのではないかと思うのです。

先日、必要があって川端康成《かわばたやすなり》の作品を三日かかって読み尽くすことがあったのですが、なんという奥の深さだろうと茫然《ぼうぜん》としてしまいました。

ぼくは中学生頃から川端文学にふれるたびに、軽度の鬱病《うつびょう》にかかるような思いを何度もくり返してきましたが、今回もやはり、どうしようもない怖さというのでしょうか、深く暗い川端の世界に惹《ひ》き込まれてしまったのでした。

さて、「賾」という漢字は、「臣」と「朿《とげ》」と「責」からできています。

「責」は、「金銭（貝）」の貸借について「朿」で刺すように、相手を責めて苛《さいな》むことです。

「臣」は、人が身を強張《こわば》らせてしっかりと見つめることを表します。

つまり、個々の事実に対して、人がしっかりとその事実の裏側までも物事の有り様を見つめることをいうのが「賾」という字の意味なのです。

現象だけでなく、その裏面にも心を馳《は》せるようにすることがいまこそ、求められていることなのかもしれません。

あとがき――漢字を楽しもう！

中国に行くと、読めない漢字が街に溢《あふ》れているのに驚かされます。

㊾は、「黄金萬」を一字で書いた漢字です。「黄」の最後の「八」が「金」の頭の部分になっていて、「金」の下の部分が「廿」を兼ねて「萬」なっているのです。

　一字で何と読むのかと訊くと、一字での読み方はなく、「黄金萬《ホワンジンマン》じゃない？」といいます。

㊿のような漢字もあります。これは「招いた寶（宝）が、進んで自分のところにやってくる」という意味の漢字なのだそうです。

　じっと見ていると「進」「寶（宝）」「招」というパーツが

㊾

㊿

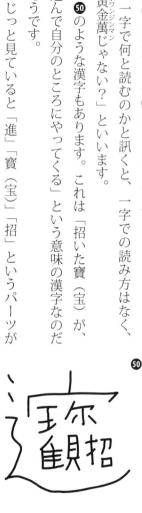

見えてきます。

漢字というのは、こんなふうに、好きに作ってもかまわないのです。

ぼくも最近、51〜53の漢字を作って知人にシールを配っていました。

みなさん、ぜひ解読してみてください。

どうでしょう、わかりましたか？

答えは、51＝マスク、52＝渋滞、53＝老眼です。

江戸時代、曲亭馬琴は寛政《かんせい》九（一七九七）年に『无《む》筆節用《ひつせつよう》似字尽《にせじづくし》』という本を出しています。

その挿絵に54のような変な絵を描いて、「無筆」（文字が読めない人）に「節用」（役に立つように）、文字に似せた絵を描いて、笑いながら漢字を教えるという本なのですが、大ベストセラーになっています。

51

52

53

漢字は、覚えるのに時間がかかる、いろんな読み方があって面倒くさいと敬遠されがちですが、日本語の表現にはなくてはならない文字であることは今後も変わらないのではないでしょうか。

じつは、漢字は、パーツを覚えて、組み合わせてイマジネーションを働かせると、だいたいの意味がわかるようになります。

『大漢和辞典』などはもちろん、甲骨文字にはまだまだ解読されていない漢字もたくさんあります。漢字の名探偵になって、どんどん漢字を解明していただければと思います。

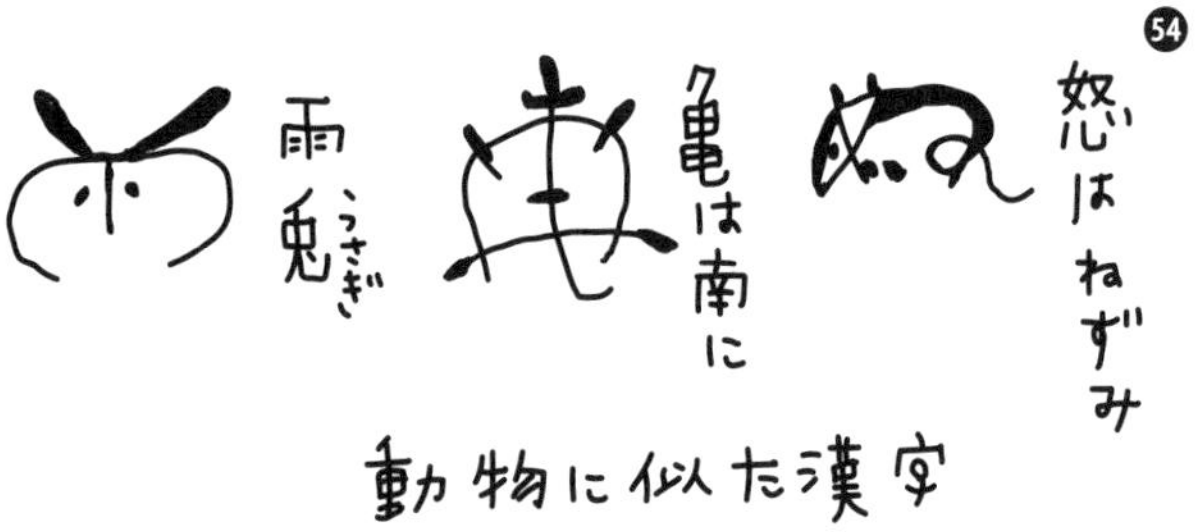

著者略歴

一九六三年、長崎県に生まれる。大東文化大学文学部教授。博士（中国学）。大東文化大学大学院に学ぶ。一九八九年よりイギリス、ケンブリッジ大学東洋学部に本部をおいて行った『欧州所在日本古典籍総目録』編纂の調査のために渡英。以後、一〇年におよびスウェーデン、デンマーク、ドイツ、ベルギー、イタリア、フランスの各国図書館に所蔵される日本の古典籍の調査を行う。その後、フランス国立社会科学高等研究院大学院博士課程に在学し、中国唐代漢字音韻の研究を行い、敦煌出土の文献などをフランス国立図書館で調査する。

著書にはベストセラー『心とカラダを整える　おとなのための1分音読』（自由国民社）、『語彙力がないまま社会人になってしまった人へ』（ワニブックス）をはじめ、『日本語の奇跡』『ん』『日本語通』（以上、新潮新書）、『日本語を作った男』（集英社インターナショナル、第二九回和辻哲郎文化賞受賞）、『文豪の凄い語彙力』『一字違いの語彙力』『頭のいい子に育つ0歳からの親子で音読』（以上、さくら舎）などがある。

明解《めいかい》！　漢字《かんじ》名探偵《めいたんてい》
——曖昧《あいまい》な漢字《かんじ》・読《よ》めない漢字《かんじ》・知《し》らない漢字《かんじ》

二〇二一年一二月一〇日　第一刷発行

著者　山口謠司《やまぐちようじ》
発行者　古屋信吾
発行所　株式会社さくら舎　http://www.sakurasha.com
東京都千代田区富士見一-二-一一　〒一〇二-〇〇七一
電話　営業　〇三-五二一一-六五三三　FAX　〇三-五二一一-六四八一
編集　〇三-五二一一-六四八〇
振替　〇〇一九〇-八-四〇二〇六〇

装丁　石間　淳
本文イラスト　山口謠司
印刷・製本　株式会社新藤慶昌堂

ISBN978-4-86581-324-1